Peter Schneider

Das Gehirn und seine Psyche

Versuche über den *neuroscientific turn*

sphèressays
1. Auflage

Redaktion und Lektorat: Lisa Heller, Daniel Schiesser
Druck: BoD GmbH, D-22848 Norderstedt
Gestaltung: one marketing AG, Zürich
ISBN 978-3-905933-01-7

Bildgebende Verfahren und der Ödipuskomplex

Kommt ein Mann zum Arzt und sagt: «Ach, Herr Doktor, was hab' ich denn nur? Den ganzen Tag bin ich müde, ich mag gar keine Menschen um mich haben, alles scheint mir so unendlich sinnlos, und am liebsten würde ich den ganzen Tag im Bett bleiben.» Der Arzt zieht einen Computerausdruck hervor und zeigt ihn dem Mann: «Sehen Sie», sagt er, «das ist ein Bild von Ihrem Gehirn. Und schauen Sie hier, der dicke rote Fleck ...» «Ja», antwortet der Mann, «den sehe ich. Und was bedeutet der?» «Das bedeutet», sagt der Arzt, «dass Sie eine ziemlich schwere Depression haben.» Erleichtert und zugleich vorwurfsvoll seufzt der Mann: «Und meine Frau hat immer gesagt, das sei alles bloss psychisch.»

Eine geradezu klassische Kategorienverwechslung[1], könnte man sagen[2]: Der arme Mann ist nicht nur depressiv, er weiss auch nicht, wie man das Wort «psychisch» richtig verwendet. Und vermutlich teilt er den falschen Gebrauch der Sprache mit seinem Arzt, der in berufstypischer epistemologischer Naivität Artefakte aus einer computergenerierten Bilderwelt umstandslos mit klinischen Entitäten identifiziert. Und so wie die Depression in die Hand des Psychotherapeuten, gehört die Kategorienverwechslung in

1 Ryle 1969, 23: «Der Glaube an den polaren Gegensatz zwischen Geist und Materie ist der Glaube daran, dass sie Ausdrücke desselben logischen Typs sind.» Dieser Glaube ist freilich kein primärer Aberglaube, sondern ein «Sprachfehler», der allenfalls sekundär Aberglauben erzeugt. Darum bedarf es keiner Aufklärung über die Wirklichkeit, sondern über die Sprache: «Die Bestimmung der logischen Geographie von Begriffen ist die Erhellung der Logik jener Sätze, in denen sie verwendet werden, also das Aufzeigen davon, mit welchen anderen Sätzen sie vereinbar und mit welchen sie unvereinbar sind, welche Sätze aus ihnen folgen und aus welchen sie folgen. Ein logischer Typus oder eine Kategorie, zu der ein Begriff gehört, ist die Klasse der logisch richtigen Verwendungen des Begriffs.» (Ebd., 5f.).

2 Und bis vor kurzem hätte auch ich kurzerhand diese Diagnose gestellt – this is it and nothing more: vgl. z.B. Schneider 2005. Siehe auch Schneider 2002, 2004 und 2007.

die Hand des Philosophen resp. Sprachtherapeuten – was in einem bestimmten Verständnis von Philosophie so gut wie dasselbe bedeutet: «Philosophie», sagt Gilbert Ryle, «besteht darin, Kategoriengewohnheiten durch Kategoriendisziplin zu ersetzen.»[3]

Man könnte aber auch fragen: Ab wann eigentlich werden aus schlechten Kategoriengewohnheiten und sprachlichen Marotten neue Dialekte oder gar eigene Sprachen, wann verdichten sich Regelverstösse zu einer neuen Regel? Und wie verhalten sich alte und neue Sprache zueinander? Lässt sich aus der einen in die andere übersetzen und wenn ja, wie? Welche Verluste bringen solche Übersetzungen und welche Gewinne? Und wie entstehen, vergehen und verändern sich die Gegenstände, von denen gesprochen wird? Ich werde diese Fragen im Folgenden nicht beantworten, sondern mich weitgehend darauf beschränken, anhand einiger Beispiele die Verschiebungen zu skizzieren, welche der sogenannte *neuroscientific turn* mit sich gebracht hat bzw. welche ihn hervorgebracht haben. Man weiss in diesen Angelegenheiten nie so recht, wer oder was das Huhn oder das Ei ist.

Der Dialog zwischen dem Depressiven und seinem Arzt mag ein schlechter Witz sein, aber zugleich ist er eine ontologische Debatte *en miniature*. Eine Debatte um die Art der Realität von Dingen wie Depressionen, Zwängen, Phobien, Neurosen; Dingen, denen die Art, wie über sie *gesprochen* wird, nicht in jener Weise äusserlich ist, wie es einem Hirntumor äusserlich ist, wie über ihn gesprochen wird. Aber was bedeutet «äusserlich»?

3 Ryle 1969, 6.

In seiner Antrittsvorlesung am Collège de France zitiert Ian Hacking[4] den Aphorismus 58 aus dem zweiten Buch von Nietzsches «Fröhlicher Wissenschaft»:

> «*Nur als Schaffende!* – Dies hat mir die grösste Mühe gemacht und macht mir noch immerfort die grösste Mühe: einzusehen, dass unsäglich mehr daran liegt, *wie die Dinge heissen,* als was sie sind. Der Ruf, Name und Anschein, die Geltung, das übliche Mass und Gewicht eines Dinges – im Ursprunge zu allermeist ein Irrtum und eine Willkürlichkeit, den Dingen übergeworfen wie ein Kleid und seinem Wesen und selbst seiner Haut ganz fremd – ist durch den Glauben daran und sein Fortwachsen von Geschlecht zu Geschlecht dem Dinge allmählich gleichsam an- und eingewachsen und zu seinem Leibe selber geworden; der Schein von Anbeginn wird zuletzt fast immer zum Wesen und *wirkt* als Wesen! Was wäre das für ein Narr, der da meinte, es genüge, auf diesen Ursprung und diese Nebelhülle des Wahns hinzuweisen, um die als wesenhaft geltende Welt, die sogenannte *‹Wirklichkeit›*, zu *vernichten!* Nur als Schaffende können wir vernichten! – Aber vergessen wir auch dies nicht: es genügt, neue Namen und Schätzungen und Wahrscheinlichkeiten zu schaffen, um auf die Länge hin neue ‹Dinge› zu schaffen.»[5]

4 Hacking 2002, 7.

5 Nietzsche 1979, 351f

Was zunächst nach simplem Nominalismus klingen mag – die Dinge sind das, als was wir sie bezeichnen –, umreisst eine weit anspruchsvollere Auffassung der Entstehung von Dingen. Hacking fasst Nietzsche so zusammen: «It is not so much that we first create the essence of a new object, but its skin[6], its surface, that with which we interact: that in which we superficially intervene. Gradually we solidify its body, and finally we have the sense of an essence – an essence we have brought into being.»[7]

Mit anderen Worten: Dinge als «epistemische Gegenstände» wachsen von aussen nach innen und nicht von innen (von einem Wesenskern) nach aussen (zum Begriff). Sie sind nicht auf einmal da und können auch nicht mit dem einfachen Hinweis auf ihr historisches Gewordensein als «bloss konstruiert» aus der Welt geschaffen werden. «Konstruiert» bedeutet keineswegs das Gegenteil von «real» (denken wir an den Eiffelturm!); dass Dinge eine Geschichte haben, verleiht ihnen nicht eine mangelhafte Form der Existenz, es bedeutet nicht, dass es sie *«eigentlich* gar nicht gibt, sondern nur in unserem Kopf». Sprache ist kein Zeigefinger, mit dem wir von unserem Geist auf etwas in der Welt draussen referieren. Referenz ist kein einzelner Akt, sondern eine Vielzahl von aufeinander bezogenen Akten; man referiert nicht auf einen isolierten Gegenstand, sondern auf ein Ding an einem Ort in einem Verweisungsnetz.

6 Zur Frage der verschiedenen Bedeutungen von «Konstruktion» vgl. Hacking 1999, insbesondere Kapitel 3 und 4. Hackings eigene Position lässt sich in Kurzform als die eines konstruktivistischen Realisten und Vertreters eines begrenzten Nominalismus kennzeichnen – eine Position, der ich mich gerne anschliesse.

7 «Wir schaffen nicht so sehr zuerst das Wesen, sondern die Haut eines neuen Gegenstands, seine Oberfläche, mit der wir interagieren, in welche wir oberflächlich eingreifen. Nach und nach festigen wir so seinen Körper und schliesslich gewinnen wir das Gefühl von einem Wesen – einem Wesen, das wir haben entstehen lassen.»
Hacking 2002, 8 (Übers. d. Verf.)

Oder in den Worten Bruno Latours, der von «zirkulierender Referenz» spricht: *«Die Referenz ist eine Eigenschaft der Kette in ihrer Gesamtheit* und nicht der *adaequatio rei et intellectus.* Die Wahrheit *zirkuliert* in ihr wie die Elektrizität entlang eines Drahtes, und zwar solange, wie er nicht zerschnitten wird.»[8] Die «Konstruktion» eines Quarks ist nicht in demselben Sinne eine Konstruktion wie diejenige einer multiplen Persönlichkeit, jene einer Schizophrenie nicht dieselbe wie diejenige der «Attention Deficit Hyperactivity Disorder».[9] «Konstruktion» ist keine Antwort, sondern die Kurzform der Frage: Welche experimentellen, hermeneutischen und klassifikatorischen Prozeduren haben den Gegenstand auf welche Weise zu was für einem epistemischen Ding werden lassen? Wie hart oder weich, konturiert oder schwammig ist dieses Ding? (Wobei weich und schwammig nicht unbedingt die schlechtesten Eigenschaften eines epistemischen Dings sein müssen.[10])

Als Freud das «epistemische Ding» Ödipuskomplex entdeckte bzw. erfand, da geschah dies in einem aus verschiedenen «Experimentalsystemen»[11] geknüpften Netz: demjenigen der Hysterie-Analyse, dem probeweisen Austausch von Theorien und Einfällen mit Wilhelm Fliess (was man im Allgemeinen als Freuds Selbstanalyse bezeichnet) und demjenigen der Traumdeutung. Epistemische Dinge zeichnen sich durch eine gewisse Unbestimmtheit aus, sie verkörpern

---

8 Latour 2000, 85.

9 Vgl. Hacking 1999, 100-194, und Hacking 1996, 2002 und 2007.

10 Vgl. Freuds einleitende Bemerkungen in «Triebe und Triebschicksale», GW X, 210-211.

11 «Experimentalsystem» durchaus in einem nicht allzu metaphorischen Sinne. Vgl. zum Gebrauch der Begriffe des «epistemischen» und des «technischen Dings» und ihrer Position in Bezug auf das sie generierende bzw. sie sich zu Nutzen machende «Experimentalsystem» Rheinberger 1992 und 2006.

eher Fragen als Antworten. (Hat sich ein epistemisches Ding genügend verfestigt, so kann es zu einem geeichten Bestandteil des Experimentalsystems werden, zum «technischen Ding», das – weil seine Eigenschaften und sein Funktionieren als hinreichend bekannt vorausgesetzt werden können – nun selber neue Gegenstände generieren helfen kann. In der Psychoanalyse ist die Übertragung in Gestalt der Gegenübertragung das beste Beispiel für einen solchen Gegenstand, welcher vom epistemischen zum technischen Ding mutiert ist.) Um 1900 ist der Ödipuskomplex die Neigung des Kindes, seine Libido nicht nur autoerotisch abzuführen, sondern sie eben auch den Eltern und Pflegepersonen zuzuwenden. Der Ödipuskomplex gewinnt mit den Jahren an Form und Komplikationen (es gibt ihn z.B. in negativer und positiver, also homo- und heterosexueller Form), doch bis er zum zentralen Organisator der psychischen Struktur und zum Kernstück der psychoanalytischen Theorie geworden ist, vergeht eine geraume Weile. Erst Mitte der 20er Jahre des vergangenen Jahrhunderts ist der Ödipuskomplex zur Kernantwort der Psychoanalyse geronnen, welche nicht nur den alles strukturierenden Kernkonflikt des Erkenntnisobjekts Psyche beschreibt, sondern – als überwundener (nicht nur als verdrängter) – auch die zentrale Eigenschaft des idealen Erkenntnissubjekts.[12] Der Ödipuskomplex wurde zum Zentralorgan der Psyche, so wie heute das Hirn zum Zentralorgan des Menschen geworden ist. Und er bleibt es bis in die 70er Jahre, als es noch einmal darum geht, Ödipus gegen den Anti-Ödipus zu verteidigen.[13]

---

12 Vgl. Schneider 2008.

13 Vgl. Chasseguet-Smirgel 1978.

Sarah Winter hat gezeigt, dass der Rückgriff auf die griechische Sage Teil einer Strategie Freuds war, das psychoanalytische Wissen in der abendländischen «Bildung» zu verankern und somit als Teil des abendländischen Bildungsguts zu instituieren. Damit erhielt das psychoanalytische Wissen den Anschein einer Universalität, in welcher die Subjekte sich wiedererkennen konnten: Sind wir nicht alle Menschen und als solche von tragischen Konflikten zerrissen? Und waren wir es nicht immer schon? Universalität hat es an sich, nicht nur einen räumlichen, sondern auch einen rückwirkend zeitlichen Anspruch zu erheben. Darum kann Freud den Ödipusmythos in der darwinschen Urhorde entdecken und den jüdischen Monotheismus aus dem Ödipus ableiten. Freud verknüpft die Einbindung in die Kultur mit einer Definition der Psychoanalyse als eigenständiger Disziplin, welche zudem dazu angetan ist, Ethnologie, Anthropologie und Soziologie auf deren angestammtem Feld der Kultur zu konkurrieren: Psychoanalyse als Kulturgut wie als Kulturkritik. «Freuds cultural theory», schreibt Winter, «is instrumental to the institutionalization of psychoanalytic knowledge because by diagnosing the problems of civilization and social life psychoanalytically, he aims to prove the unprecedented explanatory power and social value of psychoanalytic knowledge. Freuds cultural theory goes beyond the ‹legitimate› boundaries of psychoanalytic professional practice precisely in order to define and extend the boundaries of psychoanalysis as a discipline.» [14]

Die Psychoanalyse verbreitete sich also auf eine Weise, welche sich nicht wesentlich von den Strategien der Neuro-

14 «Freuds Kulturtheorie dient der Institutionalisierung psychoanalytischen Wissens, denn indem er Probleme der Zivilisation und des sozialen Lebens psychoanalytisch erklärt, zielt er darauf ab, die beispiellose Erklärungskraft und den sozialen Wert des psychoanalytischen Wissens zu beweisen. Freuds Kulturtheorie überschreitet die ‹legitimen› Grenzen der psychoanalytischen Berufspraxis gerade deshalb, um die Grenzen der Psychoanalyse als Disziplin neu zu bestimmen und auszudehnen.» Winter 1999, 210f. (Übers. d. Verf.)

wissenschaften und der Evolutionspsychologie seit den 90er Jahren unterscheidet. Der Abstieg des Ödipus zum Selbst bis hin zu dessen Ermüdungsvariante, dem «erschöpften Selbst»[15], und der Aufstieg des neuronal evolutionären Ich verdanken sich einer ähnlichen kalkulierten Grenzüberschreitung wie die Instituierung des psychoanalytischen Wissens.[16] Haben wir nicht alle ein Gehirn und sind wir nicht alle Teil der Evolution? (Beides auch für Freud Selbstverständlichkeiten.) Doch die vermeintliche darwinsche Kränkung, welcher Freud als weitere narzisstische Kränkung der Menschheit die Psychoanalyse hinzufügen wollte, ist mittlerweile so wenig eine Kränkung, wie es der Ödipus in den 50er Jahren des 20. Jahrhunderts war, sondern Bestandteil des *common sense*. Die Tatsache, dass Frauen schlechter einparkieren als Männer, wohingegen Männer weniger gerne telefonieren als Frauen, hängt gewiss mit einem Fortpflanzungsvorteil zusammen, den dieses Verhalten hat oder doch zumindest einmal hatte, und wir können die Spuren dieser Entwicklung direkt sichtbar machen, wenn wir das Gehirn einer Frau und eines Mannes mithilfe des fMRI untersuchen, während wir ihnen Bilder eines freien Parkplatzes bzw. eines Telefons zeigen. Man muss schon farbenblind sein, um den Geschlechtsunterschied im Hirnscan nicht unmittelbar zu erkennen.

Wem das zu sehr als Karikatur erscheint, der sei auf zwei jüngere Untersuchungen verwiesen – die eine zur Früherkennung von Zwangsstörungen, die andere zur Vorhersage betrügerischer Versprechen –, welche dank Neuroimaging möglich geworden sind. Solche Erkenntnisse verstauben heute keineswegs mehr in den Archiven der Fachzeitschriften, bis

15 Ehrenberg 2008.

16 Vgl. Hagner 2006, 29 und das gesamte Kapitel «Brave Neuro Worlds» (mit Cornelius Borck verfasst) sowie das Kapitel «Gedankenlesen, Gehirnspiegel, Neuroimaging».

sie durch möglicherweise widersprechende Studien widerlegt oder modifiziert werden, sondern werden von den Pressestellen der beteiligten Forschungsinstitute laborfrisch popularisiert:

«Die Diagnose einer Zwangsstörung», heisst es z.B. in einem Artikel des Deutschen Ärzteblatts, «basiert bisher allein auf den Angaben des Patienten. In Zukunft könnte (...) die Diagnose auch mittels Kernspintomographie gestellt werden. (…) Die fMRI könnte deshalb nicht nur benutzt werden, um die Erkrankung zu erkennen, sie wäre auch geeignet, Menschen mit einem erhöhten Risiko zu erkennen.» [17]

Und die Pressestelle der Universität Zürich gibt am Vorabend einer Publikation unter der Überschrift «Gehirnaktivierung entlarvt Wortbrecher» bekannt: «Wissenschaftler der Universität Zürich entdecken die gehirnphysiologischen Grundlagen von gebrochenen Versprechen. Die Gehirnaktivierungsmuster lassen sogar eine Prognose zu, ob jemand sein Wort brechen wird».

Obwohl viele soziale und ökonomische Tauschsituationen im Alltag auf (gesetzlich nicht bindenden) Versprechen basierten, solche aber nicht nur gehalten, sondern auch gebrochen werden können und «materielle Anreize zu betrügen in der menschlichen Gesellschaft allgegenwärtig (...)» seien, heisst es da, sei über die gehirnphysiologischen Grundlagen des Phänomens wenig bekannt. Neurowissenschaftler hätten deshalb im Gehirn-Scanner ein Experiment durchgeführt und dabei festgestellt, «dass der Bruch eines Versprechens mit einer erhöhten Aktivität in Gehirnregionen einhergeht (...)». Dies erlaube es, spätere Versprechensbrecher zu entlarven, obwohl sie sich bei der Abgabe ihres Versprechens nicht

17 Deutsches Ärzteblatt 2008.

von Versuchspersonen unterscheiden, die ihr Versprechen letztlich halten («beide versprechen hoch und heilig, das Versprechen zu halten»). Was zu weiterführenden Spekulationen Anlass gibt:

> «Wie der Neurowissenschaftler Thomas Baumgartner erklärt, weisen diese Ergebnisse darauf hin, dass Gehirnmessungen bösartige Absichten (...) enthüllen können, bevor die unehrliche oder betrügerische Tat tatsächlich begangen worden ist. ‹Ein solcher Befund lässt folglich die Spekulation zu, dass Gehirnmessungen in (ferner) Zukunft nicht nur verwendet werden können, um Übeltäter zu überführen, sondern vielmehr vielleicht sogar mithelfen können, betrügerische und kriminelle Machenschaften zu verhindern – eine Vision, die im Science Fiction-Film ‹Minority Report› bereits Realität geworden ist.›
>
> ‹Wir haben wichtige Elemente der neuronalen Grundlage von gebrochenen Versprechen entdeckt›, erklärt der Ökonom Ernst Fehr. ‹Im Lichte der Bedeutung von Versprechen im alltäglichen, zwischenmenschlichen Zusammenleben eröffnen uns diese Ergebnisse die Aussicht, die gehirnphysiologische Basis von prosozialem und insbesondere antisozialem Verhalten im Allgemeinen besser ergründen und verstehen zu können.›»[18]

Der Eindruck, dass hier etwas vollkommen Neues entsteht, etwas Zukunftsweisendes, dessen Bedeutung weit über das Labor hinausweist, in welchem die Entdeckung gemacht wurde, verdankt sich nicht nur der Rhetorik der Forscher. Wie einst der Ödipus von der Couch aus die soziale Welt eroberte, so se-

18 Mediadesk der Universität Zürich 2009.

hen wir hier das Hirn den engen Käfig nicht nur des Schädels, sondern auch der Magnetresonanzröhre verlassen und sich in eine Matrix verwandeln, aus welcher nicht nur eine neue Art der Medizin, sondern auch ein neues Strafrecht und eine neue Sozialpolitik entstehen werden. Eine Form umfassender Diagnostik, welche nicht mehr lange um den lauwarmen Brei herumredet, sondern unmittelbar zeigt, was Sache ist.

Wer glaubt, es handle sich bei dieser neurowissenschaftlichen Perspektive um eine Abkehr vom Subjektivismus der Psychoanalyse zur naturwissenschaftlichen Objektivität, täuscht sich. An anderer Stelle habe ich mit Bezug auf die Untersuchungen Lorraine Dastons und Peter Galisons zur «Geschichte der Objektivität»[19] gezeigt, wie sich das berühmte Diktum Freuds, seine Krankengeschichten entbehrten des ernsthaften Gepräges der Wissenschaft und läsen sich wie Novellen, keineswegs als Abkehr vom Ideal wissenschaftlicher Objektivität zu deuten ist, sondern im Gegenteil als Verpflichtung gegenüber dem Erkenntnisideal der Objektivität, welches seinerseits eine Abkehr von der Ausrichtung der wissenschaftlichen Darstellung an einer «Naturwahrheit» bedeutet.[20] Die irreguläre Singularität wird nicht eliminiert, sondern wirklichkeitsgetreu dargestellt; die Details der Abweichung werden «wie ein heiliger Text» (Freud) behandelt. Getreu dieses Verständnisses wird der Ödipuskomplex zunächst als eine Struktur in endlosen Variationen begriffen, bevor er zum «Kernkomplex» einerseits und seine Anerkennung zum Schibboleth der Psychoanalyse andererseits wird.

Was ist neu? Die Zwangsstörung und die Absicht, ein Versprechen zu brechen, zeigen sich nicht mehr vor allem im Medium der Sprache, sondern im Medium des Bildes. Damit

19 Daston / Galision 2007.

20 Schneider 2008.

verschwindet die Sprache nicht, und ebensowenig das Unbewusste. Aber beide Entitäten verändern ihren Stellenwert im Diskurs. Ein neuer Lacan müsste formulieren: «Das Unbewusste ist strukturiert wie ein Bild», um diesen neuen Diskurs zu infiltrieren. Die Diagnose einer Verfallenheit ans Imaginäre, welche seine heutigen Nachfolger stellen könnten, mag richtig und plausibel sein, aber sie hat ihre kritische Strahlkraft verloren und fungiert vor allem als Selbstversicherungsmaxime Gleichgesinnter in einem kulturwissenschaftlichen Milieu, das sich dem Anschluss an die moderne Wissenschaft verweigert. Es ist, als predigte man den Forschern am CERN ein phänomenologisches Propädeutikum, damit sie lernen, ihre Rede von Top-Quarks lebensweltlich einzubetten. (Sie merken, ich versuche meinerseits eine *epoché* hinsichtlich einer psychoanalytischen Kritik des *neuroscientific turn*, um besser zu verstehen, was – schätzungsweise in den letzten zwanzig Jahren – vor sich gegangen ist. Eine solche Urteilsenthaltung ist kein Ersatz für Kritik, sondern deren Voraussetzung.)

Die neurologische Kehre ist keineswegs grundsätzlich psychoanalysefeindlich, im Gegenteil: «Bilder vom Hirn zeigen Wirkung der Psychoanalyse» ist ein Bericht vom 16.9. 2009 in der «WELT ONLINE» überschrieben.[21] Ein weiteres ausführliches Zitat sei gestattet:

> «Für Sigmund Freud, den Begründer der Psychoanalyse, stand ausser Zweifel, dass er mit einem Blick ins Unbewusste die seelischen Leiden seiner Patienten lindern kann. Deutsche Hirnforscher haben nun erstmals mit einem Kernspintomographen die konkrete Wirkung der Psychoanalyse auf das menschliche Gehirn belegt.

21 WELT ONLINE 2009.

‹Auch wenn wir erst am Anfang stehen, zeigen die ersten Befunde, dass der Erfolg der Therapie beim Patienten messbar ist›, sagte Prof. Anna Buchheim, Psychologin an der Universität Innsbruck.

Psychoanalyse behandelt seelische Leiden nicht medikamentös, sondern versucht, die Ursachen der Krankheit im Unterbewussten der Patienten aufzudecken. Die Wirksamkeit dieser Therapieform sei zwar längst belegt. Dass die Therapie aber tatsächlich biologische Prozesse im Gehirn konkret beeinflusst, sei bisher ohne Beweis gewesen. ‹Die Zusammenarbeit der Psychoanalytiker und Hirnforscher beginnt erst›, sagte Buchheim.

Für die Studie wurden 20 Depressive aus Bremen zum Anfang ihrer Psychotherapie in einen Kernspintomographen gelegt (...). ‹Wir zeigten ihnen individuell auf ihr Krankheitsbild zugeschnittene Reize›, sagte Buchheim. (...) Nach 7 und nach 15 Monaten wurde die Kernspinuntersuchung wiederholt. Ergebnis: Zu Anfang der Behandlung war die Aktivität in Regionen des Gehirns, die für Ängste und Furcht zuständig sind, viel höher als bei den späteren Messungen. ‹Schon nach sieben Monaten war eine deutliche Minderung dieser Hyperaktivität zu beobachten›, berichtete Buchheim. (…) Zwar seien Depressionen viel zu komplex, als dass ihre Erklärung auf die Aktivität von Gehirnregionen beschränkt werden könne, erläuterte Buchheim. ‹Aber vielleicht ist es eines Tages möglich, dass Analytiker ihre Therapien mit Hilfe der Hirnforschung optimieren.› Die Schnittstelle zwischen Neurowissenschaft und Psychoanalyse biete grosses Forschungspotenzial.»

Die Neurologisierung der Psychoanalyse verdankt sich also nicht etwa einer nachgewiesenen therapeutischen Schwäche der Psychoanalyse, sondern einer Krise ihrer Beweisformen. Die Selbstaussage des Analysanden und der Kommentar des Analytikers, die Erklärung des Behandlungserfolgs und die Deutung des Misserfolgs wollen nichts mehr besagen. Man will etwas *sehen*, nicht *hören*. Der Erfolg der Neurowissenschaften ist ein Erfolg des *pictorial turn*, ein Erfolg gewandelter Vorstellungen von der idealen Repräsentationsform wissenschaftlicher Beweise.

In der «NZZ am Sonntag» vom 13.12.2009 findet sich im Bund «Wissen» ein Artikel, der ein am Frankfurter Sigmund-Freud-Institut entwickeltes Gewalt-Präventionsprogramm vorstellt.[22] Und damit werde ich die Reihe meiner Beispielsammlung von Popularisierungen der Umwandlung des konfliktuös-psychischen in ein fehlfunktionierendes neuronales Ich abschliessen.

Machte man sich früher in der psychoanalytischen Sozialforschung immer wieder Gedanken darüber, warum etwa «ganz normale» Männer ohne sonderliche Skrupel eigenhändig die Endlösung an jüdischen Männern, Frauen und Kindern vollziehen[23], welche für ihre Ermordung in einer Schlange anstehen müssen, so gibt es mittlerweile andere Rätsel zu lösen:

«Die Schweizer Psychoanalytikerin Marianne Leuzinger-Bohleber, Leiterin des Sigmund-Freud-Institutes (SFI) in

22 Czernotto 2009.

23 Vgl. den SPIEGEL-Bericht von Georg Bönisch und Klaus Wiegrefe über die «ganz normalen Deutschen und ihre Helfer» (o. J.): «Der Wiener Polizeisekretär Walter Mattner war im Oktober 1941 dabei, als in Mogiljow in Weissrussland 2273 Juden erschossen wurden. Hinterher schrieb er an seine Frau: ‹Bei den ersten Wagen hat mir etwas die Hand gezittert. Beim zehnten Wagen zielte ich schon ruhig und schoss sicher auf die vielen Frauen, Kinder und Säuglinge. Eingedenk dessen, dass ich auch zwei Säuglinge daheim habe, mit denen es diese Horden genauso, wenn nicht zehnmal ärger machen würden.›» Ob Walter Mattner, wie die heutigen Gewalttäter, auch immer jünger wurde, ist nicht überliefert.

Frankfurt», heisst es in dem Artikel mit dem Titel «Prävention schon im Kindergarten», «beschäftigt sich seit Jahren mit der wachsenden Gewaltbereitschaft von Kindern.»

> «Was sie wahrnimmt: ‹Immer jüngere Kinder sind bereit, ihre Konflikte gewaltsam auszutragen, und nehmen das Risiko in Kauf, andere ernsthaft zu verletzen.› Es werde in solchen Fällen weitergeschlagen, auch wenn das Opfer bereits verletzt und hilflos am Boden liegt (...).[24]
>
> (...) Weil Gewalt und auffälliges Verhalten immer häufiger bereits im Kindergartenalter beginnt, setzen Mitarbeiter am SFI auf Prävention. Ein Team von Neurologen, Pädagogen, Psychologen und Psychoanalytikern entwarf dazu das ‹Frankfurter Präventionsprogramm›. Frühe Gewaltprävention, soziales Lernen sowie die Förderung der sozialen Integration sind die wichtigsten Projektziele.
>
> (...) Auch der fünfjährige Peter gehört zum Kreis der Risikokinder. Immer wieder schlägt und kratzt er andere Kinder. Als sein Vater krankheitsbedingt den Job verliert, eskaliert die Situation – offenbar weil er nun befürchtet, sein Vater könnte überfordert sein und ihn in ein Heim geben, bespuckt Peter eine Kindergärtlerin.
>
> Rund 5 Prozent aller Kinder, insbesondere die Buben, fallen so wie Peter bereits im Kindergartenalter auf. (...) Ohne Behandlung besteht die Gefahr, dass sie als Jugendliche in die Kriminalität abgleiten.

24 Einer der beliebtesten Topoi, mit denen die völlig neuartige Qualität der Jugendgewalt gegenüber früheren Zeiten geschildert wird, in denen die Kämpfe noch den Kriterien eines ritterlichen Kampfes genügten.

Einer der Gründe: Unser Gehirn verändert sich fortwährend bis ins hohe Alter – unsoziale und gewalttätige Tendenzen können sich daher immer stärker (...) festsetzen. Die sogenannte Plastizität des Gehirns ist eine Eigenschaft, bei der sich Synapsen, Nervenzellen und auch ganze Hirnareale veränderten Umweltbedingungen anpassen.

So setzen sich Fehlentwicklungen im Verhalten und im Gehirn fest. ‹Deshalb müssen wir Kindern in einem sehr frühen Alter die Möglichkeit der Gewaltprävention anbieten›, sagt Leuzinger. Auch die Form der Therapie ist massgeblich: Eine rein kognitive Verhaltenstherapie hat oft nur eine beschränkte Wirkung. ‹Eine nachhaltige Veränderung in der Seele und im Gehirn geschieht nur durch intensive korrigierende Beziehungserfahrungen, die auch die Gefühle erreicht›, sagt die Psychoanalytikerin.»

So wie bekanntlich Alkohol ist auch Ritalin keine echte Lösung:

«(...) etwas geht unter der Medikation vergessen: ‹Wenn Kinder täglich die Erfahrung machen, dass sie nur mit Hilfe des Medikaments für ihre Umwelt erträglich sind, kann sich das sehr negativ auf das eigene Selbstbild niederschlagen›, sagt Leuzinger.»

Hier ist das ganze Netz ausgespannt, in dem der epistemische Gegenstand «Jugendgewalt» seinen neuen Ort gefunden hat. Noch einmal in Kürze: Wir brauchen Prävention, denn die Hemmschwelle, Gewalt anzuwenden, sinkt ständig, so wie das Alter der gewalttätigen Kinder. Peter z.B. ist erst fünf Jahre alt. Aber er kratzt und schlägt bereits andere Kinder und bespuckt seine Kindergärtnerin. Ohne Behandlung prägt sich solches

Verhalten wegen der Neuroplastizität ins Hirn *und* Verhalten ein und führt im Jugendalter häufig zu einem Abgleiten in die Kriminalität. Würde man Peter mit Ritalin behandeln, hätte allein die Tatsache der Medikation einen hinsichtlich des Selbstbildes negativen «looping effect»[25] auf das Kind. Nachhaltige Änderungen in der Seele und im Gehirn brauchen eine Korrektur durch emotionale Beziehungserfahrungen.

Was sich in diesen paar Worten abzeichnet, sind die Konturen eines neurowissenschaftlichen «Denkstils»[26], welcher (notabene in einer klassischen Institution der Psychoanalyse) den Denkstil der Psychoanalyse überformt und transformiert hat und mit einer neuen Kombination von Evidenzen, Beweisen und Argumentationsfiguren für eine daraus abgeleitete Interventionsstrategie einen sozialen Raum geschaffen hat, in dem sich mit der Zeit weitere neue epistemische und technische Dinge ansiedeln und verknüpfen können.

Ist dieser Denkstil «wahr»? Diese Frage ist metaphysisch, aber nicht absurd. «(...) my aims are metaphysical», schreibt Hacking.

> «I am concerned with ‹truth› itself, or rather with the ways in which a style of reasoning introduces new ways of finding out the truth. I argue that each style introduces its own criteria of proof and demonstration, and that it determines the truth conditions appropriate to the domains to which it can be applied. This leads me to altogether radical

25 Ein Begriff von Ian Hacking, der damit beschreibt, wie eine entsprechende Klassifikation es Subjekten erst erlaubt, als solcherart klassifizierte in Erscheinung zu treten und sich als Exemplare der Klasse X oder Y zu verstehen und zu verhalten.

26 Fleck 1980, 85: «Jedes Erkennen bedeutet zunächst: bei bestimmten aktiv vorgenommenen Voraussetzungen die zwangsmässig, passiv sich ergebenden Zusammenhänge festzustellen. (...) Denkstil ist nicht nur diese oder jene Färbung der Begriffe und diese oder jene Art, sie zu verbinden. Er ist bestimmter Denkzwang und noch mehr: die Gesamtheit geistiger Bereitschaften, das Bereitsein für solches und nicht anderes Sehen und Handeln. Die Abhängigkeit der wissenschaftlichen Tatsache vom Denkstil ist evident.»

theses about truth and objectivity, and about the reality of scientific objects themselves. A style of reasoning is more than a group of techniques for bringing new kinds of fact into our awareness, into our living, mental, social world. I say that it creates the very criteria of truth. It is, as I like to say, self-authenticating. (…) self-authentication, far from implying any kind of subjectivism, is the foundation stone for objectivity and, in the laboratory, reproducibility. (…) Naming alone is never enough to create. If we have a complaint about Nietzsche, it is that even he is still a philosopher, too attentive to what we say, attending too little to what we do. Naming occurs in sites, particular places, and, at particular times. For a name to begin to do its creative work, it needs authority. One needs usage within institutions. Naming does its work only as a social history works itself out. Probably Nietzsche thought all that was too obvious to need saying.»[27]

Ist es allzu naheliegend zu vermuten, dass aus dem Frankfurter Präventionsmodell die Zukunft der Psychoanalyse zu uns spricht?

---

27 «(…) meine Ziele sind metaphysisch. Ich beschäftige mich mit der ‹Wahrheit› selbst bzw. mit der Art und Weise, in welcher ein Argumentationsstil neue Wege der Wahrheitsfindung einführt. Ich behaupte, dass jeder Stil seine eigenen Kriterien des Beweises und der Argumentation einführt und die Wahrheitsbedingungen der Bereiche, auf die sie angewendet werden können, bestimmt. Dies bringt mich auf sehr radikale Thesen bezüglich Wahrheit und Objektivität und hinsichtlich der Realität wissenschaftlicher Objekte selber. Ein Denkstil ist mehr als eine Gruppe von Techniken, um neue Arten von Fakten in unser Bewusstsein, unser Leben, unsere geistige, soziale Welt einzuführen. Ich sage, dass er seine eigenen Wahrheitskriterien schafft. Er ist, wie ich es gerne ausdrücke, selbstbeglaubigend. (…) Selbstbeglaubigung – fern davon, irgendeine Art des Subjektivismus zu implizieren – ist der Grundstein für Objektivität und, im Laboratorium, für Reproduzierbarkeit. Namensgebung allein ist niemals genug, um etwas zu erschaffen. Wenn wir an Nietzsche etwas auszusetzen haben, dann, dass er zu sehr Philosoph ist, zu aufmerksam dem gegenüber, was wir sagen, und zu wenig dem gegenüber, was wir tun. Namensgebung ist an Situationen gebunden, an bestimmte Orte und bestimmte Zeiten. Damit ein Name schöpferisch wirken kann, bedarf es der Autorität. Es bedarf eines Gebrauchs innerhalb von Institutionen. Namensgebung funktioniert nur insofern, als sich in ihr soziale Geschichte ausdrückt. Wahrscheinlich dachte Nietzsche, dass all dies zu offensichtlich sei, um es eigens zu sagen.» Hacking 2002, 4 und 8 (Übers. d. Verf.)

Die Psychoanalyse und die Objektivität

«La théorie, c'est bon, mais ça n'empêche pas d'exister.»
Charcot über die Hysterie

«Wenn man nur wüsste, was existiert.»
Sigmund Freud

«Die Diagnose einer Zwangsstörung basiert bisher allein auf den Angaben des Patienten. In Zukunft könnte, wenn auch wohl nur in klinischen Studien, die Diagnose auch mittels Kernspintomographie gestellt werden. Denn die Patienten haben laut einer Studie in Science (2008; 321: 421-422) eine Unterfunktion in einem für die Entscheidungsfindung wichtigen Abschnitte der Grosshirnrinde.»
Deutsches Ärzteblatt (2008)

Zu jeder Erkenntnis gehören zwei: Einer, der erkennt, und etwas, das erkannt wird. Das war immer schon so, aber nicht immer war dieses Verhältnis von Subjekt und Objekt des Erkennens, von Subjektivität und Objektivität, gleich problematisch und erst recht nicht so problematisch, wie es Mitte des 17. Jahrhunderts mit Descartes' Erkenntniskritik wurde, mit dessen Versuch nämlich, aus einem radikalen Zweifel schliesslich doch noch ein unerschütterliches Fundament des Erkennens zu gewinnen – mit einem zwiespältigen Ergebnis: Der Zweifel an der Zuverlässigkeit der Erkenntnis ist uns bis heute geblieben; das Fundament – Gott als Garant wahrer Einsichten – war schon bei der Grundsteinlegung brüchig. Und das durch Descartes begründete Erkenntnissubjekt krankt an *einem* entscheidenden Nachteil seiner völligen Selbsttransparenz: Es sieht durch sich hindurch, als wäre es gar nicht da.

Dass Subjektivität und Objektivität schliesslich zu epistemologischen Kampfbegriffen wurden, kennzeichnet einen geschichtlichen Prozess, der um einiges später einsetzt. Wie Lorraine Daston und Peter Galison in ihrer «Geschichte der Objektivität» gezeigt haben, umfasst die Ära der Objektivität als wissenschaftlicher Tugend einen Zeitraum von nur ungefähr einem Jahrhundert – etwa von der Mitte des 19. bis zur Mitte des 20. Jahrhunderts. Daston und Galison schreiben ihre Geschichte der neuzeitlichen und modernen Naturerkenntnis anhand wissenschaftlicher Atlanten – Bilderbücher des jeweils neuesten Wissenstandes – aus sehr unterschiedlichen Bereichen wie Botanik, Anatomie, Astronomie, Zoologie usw., und sie interessiert dabei, welchem Darstellungsideal (man könnte fast sagen: welcher Darstellungsethik) diese jeweils folgen. Im 18. Jahrhundert war es den Verfassern darum gegangen, die Phänomene möglichst in ihrer Idealform abzubilden – also z.B. ein idealtypisches, d.h. vollkommen symmetrisches Schneeflockenkristall zu zeigen. Das Ideal lautet «Naturwahrheit» und setzt einen kenntnisreichen Forscher voraus, der das Typische vom Zufälligen zu unterscheiden gelernt hat. Womit dieser Forscher zu kämpfen hat, sind die faktischen Abweichungen seiner Objekte vom Ideal. Mitte des 19. Jahrhunderts wird allmählich, aber stetig sich verstärkend, statt der Irregularität der konkreten Objekte, von welcher eine der Naturwahrheit verpflichtete Wissenschaft zu abstrahieren hatte, etwas anderes zum Problem: die Subjektivität des Forschers, und zwar dessen Neigung zum «wishful seeing», welches eine typische Einheit in den Varianten erblickt, wo sich «objektiv» lediglich eine Vielfalt zeigt, die sich dem Ideal nicht fügt.

Die Tropfenforschung des britischen Physikers Arthur Worthington zeigt diesen Umschlag von der epistemischen Tugend der Naturwahrheit in diejenige der Objektivität bei ein und demselben Forscher. Zwanzig Jahre lang hatte Worthington bei seinen Experimenten zur Dynamik von Flüssigkeiten Quecksilber- oder Milchtropfen auf eine feste Oberfläche oder auf eine andere Flüssigkeit prallen lassen und das Geschehen, das er mithilfe eines Blitzlichts visuell isoliert und auf diese Weise für einen Sekundenbruchteil beobachtet hatte, in einem Kompendium zeichnerisch festgehalten – wundervolle Gebilde vollkommener Symmetrie. «Erst im Frühling 1894 gelang es ihm schliesslich, das Aufprallen des Tropfens photographisch festzuhalten. Die Symmetrie war zerstört.»[28] Und Worthington ist erschüttert; und zugleich redlich (d.h. objektiv) genug, diese Erschütterung mit seinem Publikum zu teilen, welches bereits grosses Gefallen an den zuvor so wunderbar symmetrischen «splashes» gefunden hatte: «Jetzt, im Jahr 1895, erklärte Worthington seinen Zuhörern, die früheren Darstellungen vollkommener Tropfen müssten verworfen werden. Stattdessen verlangte er nach Bildern, die die physikalische Welt in

28 Daston / Galison 2007, 11.

ihrer ganzen Komplexität und asymmetrischen Individualität darstellten – die sie in ‹objektiver Sicht› zeigten, wie er zusammenfasste. Nur auf diese Weise werde man ‹wirkliche, im Gegensatz zu imaginären Flüssigkeiten› erkennen.»[29]

1895 ist auch das Jahr, in dem Josef Breuers und Sigmund Freuds «Studien über Hysterie» erscheinen. Und auch dieses Buch ist das Dokument eines wissenschaftlichen Übergangs (von der Hypnosepraxis zur Redekur). Das Buch besteht – neben einem gemeinsam verfassten Vorwort – aus vier Teilen: einem kurzen ersten Kapitel «Ueber den psychischen Mechanismus hysterischer Phänomene», das von beiden Autoren gezeichnet ist; dem zweiten, weitaus längsten Kapitel, das fünf Krankengeschichten enthält (vier von Freud, eine – diejenige der berühmten Anna O. – von Breuer geschriebene), sowie einem Kapitel «Theoretisches» von Breuer und dem Schlusskapitel «Zur Psychotherapie der Hysterie» von Freud. In Freuds Krankengeschichte des «Frl. Elisabeth von R.» finden sich nun jene schon nahezu berüchtigten Sätze zum Novellencharakter der Psychoanalyse, welche so oft zitiert wurden, dass man sich mit gutem Grund scheut, es ein weiteres Mal zu tun. Ich setze mich über dieses ästhetische Bedenken deshalb hinweg, weil ich glaube, dass die berühmte Passage ein interessantes Licht auf den Status der Psychoanalyse als «objektiver» Wissenschaft werfen kann, und zwar in einem völlig anderen Sinne, als man anzunehmen gewohnt ist:

> «Ich bin nicht immer Psychotherapeut gewesen, sondern bin bei Localdiagnosen und Elektroprognostik erzogen worden wie andere Neuropathologen, und es berührt mich selbst noch eigenthümlich, dass die Krankengeschichten, die ich schreibe, wie *Novellen* zu lesen sind, und dass sie sozusa-

29 Ebd., 14.

gen des ernsten Gepräges der Wissenschaftlichkeit entbehren. Ich muss mich damit trösten, dass für dieses Ergebnis die Natur des Gegenstandes offenbar eher verantwortlich zu machen ist als meine Vorliebe; Localdiagnostik und elektrische Reaktionen kommen bei dem Studium der Hysterie eben nicht zur Geltung, während eine eingehende Darstellung der seelischen Vorgänge, wie man sie vom Dichter zu erhalten gewöhnt ist, mir gestattet, bei Anwendung einiger weniger psychologischer Formeln doch eine Art von Einsicht in den Hergang einer Hysterie zu gewinnen.»[30]

«... *noch* eigenthümlich», sagt Freud, und es klingt, als werde man sich – wie er selber – daran gewöhnen müssen, dass die neuartigen Krankengeschichten der Psychoanalyse wie Novellen anmuten. Man liest diese Ankündigung üblicherweise so, als stelle Freud damit die Subjektivität des Forschers als nicht weiter zu hinterfragendes Instrument seiner neuen Wissenschaft in den Vordergrund. Man könnte sich aber mit nicht geringerer Plausibilität fragen, ob Freud hier nicht in einer völlig gegenläufigen Bewegung die besondere «Objektivität» seiner Darstellung betont – einer Darstellung, die eben nicht auf ideale Typisierungen dessen aus ist, was eine Hysterie ist, sondern die Hysterie – mit allen Kontingenzen, die der einzelne Fall mit sich bringt – selbst zu Wort kommen lassen will. So wie Worthington seine «wirklichen» *splashes* und nicht deren geschönte Abbildungen.

Im Zeitalter der «Objektivität», das so wunderbar mit der Blüte der Psychoanalyse koinzidiert, wandelt sich die Bedeutung der Subjektivität, und damit wird das «wissenschaftliche Selbst» ein anderes: «Die Subjektivität, von der sich Wissenschaftler im neunzehnten Jahrhundert distan-

30 Breuer / Freud 1895, 140.

zierten, wurde in anderen Kontexten kultiviert und zelebriert. In deutlichem Gegensatz zu früheren, von der Renaissance bis zur Aufklärung verbreiteten Ansichten von der engen Verwandtschaft zwischen künstlerischer und wissenschaftlicher Arbeit fand nun eine Polarisierung statt; in der öffentlichen Wahrnehmung verkörperten Künstler und Wissenschaftler Gegensätze. Künstler waren nun gehalten, ihre Subjektivität zum Ausdruck zu bringen, sogar zur Schau zu stellen, und gleichzeitig mahnte man Wissenschaftler, die ihre zu unterdrücken», schreiben Daston und Galison.[31]

Was aber geschieht, wenn die Subjektivität selber zum Objekt der Forschung wird? Und die bisherigen Methoden ihrer Objektivierung (wie diejenigen der Hirnanatomie und Physiologie) fehlgeschlagen sind? Meiner Meinung nach missversteht man Freuds Novellendiktum, wenn man es im Sinne einer für die Psychoanalyse unumgänglichen Rückkehr zum Künstler-Forscher der Renaissance deutet. Was sich wie eine Novelle liest, ist darum doch nicht einfach eine Novelle. Ihre Quelle ist nicht die «reine» Subjektivität ihres Autors. Die novellistisch anmutende Krankengeschichte ist vielmehr die so objektiv wie möglich zur Sprache gebrachte Subjektivität des Kranken. Sie ist aber kein wörtliches Protokoll und auch kein phonographischer Mitschnitt, deren Autor wiederum allein der Kranke wäre. Sie ist aber eben auch keine idealisierende Zusammenfassung der Behandlungen. So führt Freud etwa die Krankengeschichte der Emmy v. N. dem Leser in Form eines tatsächlichen Behandlungstagebuchs vor Augen. Die «Objektivität» der novellistischen Krankengeschichte entsteht in der Überschneidung zweier Autorschaften: jener des Patienten und jener des Arztes.

31 Daston / Galison 2007, 39.

Die Klagen eines somatischen Patienten über Schmerzen im Rücken sind für den Arzt solange von Interesse, wie die organische Ursache dieser Beschwerden unklar ist. Ist es ein eingeklemmter Nerv, eine Muskelverspannung oder ein Nierenstein? Sobald der «Übeltäter» gefunden ist, kann der Patient eigentlich schweigen; und wenn er doch noch reden will, hört ihm der Mediziner aus Gründen der Höflichkeit zu, nicht mehr aus diagnostischem oder therapeutischem Interesse. Das Problem mit der Hysterie ist, dass ihre Symptome auf kein organisches Substrat verweisen; sie sind Auswüchse einer «reinen» Subjektivität – sie machen «viel Lärm um Nichts». Und wie soll man eine Theorie über ein Symptom entwickeln, das auf nichts verweist? Wie lässt sich das hysterische Subjekt soweit objektivieren, dass es für ein anderes Subjekt (den Forscher) überhaupt etwas zu erkennen gibt? Wie lässt sich das hysterische «Nichts», diese «blosse» Subjektivität, in ein Forschungsobjekt verwandeln?

Zehn Jahre vor dem Erscheinen der «Studien über Hysterie» war Freud zu Charcot nach Paris gereist. Von Oktober 1885 bis Ende Februar 1886 nahm er an den Vorlesungen des berühmten Neurologen in der Salpêtrière teil – Veranstaltungen, zu denen die nichtmedizinische intellektuelle Öffentlichkeit von ganz Paris Zutritt hatte und auch «echte» Novellisten wie Maupassant und Daudet erschienen. Zuvor hatte Freud schon von Breuer über dessen Behandlung der Anna O. erfahren; hier wurde er jedoch Zuschauer in einem einzigartigen Theater der hysterischen Psychopathologie. Charcot brachte mithilfe der Hypnose hysterische Symptome ebenso zum Verschwinden, wie er sie auf demselben Weg hervorrufen konnte. «Charcot trug den 1883 von Herbert W. Page geprägten Ausdruck von der Krankheit *sine materia* wie eine Fahne vor sich her. Die Hysterie, so heisst es in seiner Antrittsvorlesung, gehöre zu den Krankheiten, ‹welche offenbar ihren Sitz im Nervensystem haben und dennoch keine wahrnehmbare materielle Spur in der Leiche zurücklassen›, sie ist eine dieser ‹Sphinxe, welche der gründlichen anatomischen Forschung Trotz bieten›.»[32] Die Salpêtrière, der er vorstand, nannte er ein «reich ausgestattetes, lebendes pathologisches Museum».[33] Ein Museum lebt von der Präsentation seines Materials, und Charcot begnügte sich nicht damit, dieses Material lediglich in seinen Vorlesungen zu präsentieren. Die dreibändige «Iconographie photographique de la Salpêtrière» (1876-1880) sowie die 28-bändige «Nouvelle iconographie photographique de la Salpêtrière», welche von 1888 bis 1918 (also bis 25 Jahre nach Charcots Tod im Jahr 1893) erschien, bilden die Ausstellungskataloge dieses Museums: über 10 000 Photographien der Stellungen, Grimassen und Anfälle der Hysterischen. Paul Richer, Charcots Assistent, verallgemeinert diese Aufnahmen zu einem 82 Figuren umfassenden, gezeichneten «synoptischen Tableau des grossen, vollständigen und regelmässigen Anfalls in typischen Stellungen und Varianten».[34] Es ist, als ob in diesem Tableau ein auf Naturwahrheit zielendes Erkenntnisinteresse noch einmal eine Renaissance erlebt hätte.

Kurz vor seiner Abreise aus Paris, so erinnert sich Freud vierzig Jahre später, hatte er Charcot den Plan einer Arbeit «zur Vergleichung der hysterischen mit den organischen Lähmungen» unterbreitet: «Ich wollte den Satz durchführen, dass bei der Hysterie Lähmungen und Anästhesien einzelner Körperteile sich so abgrenzen, wie es der gemeinen (nicht anatomischen) Vorstellung des Menschen entspricht.»[35] Ein in der Tat

32 Wegener 2004, 132.

33 Ebd., 133.

34 Vgl. Wegener 2004, 140ff., und Didl-Hubermann 1997.

35 Freud GW XIV, 38.

höchst interessantes Projekt, das auf jenem Bruch zwischen Psychologie und Anatomie resp. Neuropathologie basiert, aus dem heraus die Psychoanalyse entwickelt werden konnte. Charcot ist mit dem Plan «einverstanden», aber, so Freud später, «es war leicht zu sehen, dass er im Grunde keine besondere Vorliebe für ein tieferes Eingehen in die Psychologie der Neurose hatte. Er war doch von der pathologischen Anatomie her gekommen» und letztlich mit seiner photographischen Idolatrie auch nicht weit genug davon weggekommen. Die Hysterie existiert, man kann sie photographieren und schematisieren – und doch weiss man immer noch nicht, *«was* existiert».[36]

Wie Charcot tritt Freud für die «Objektivität der hysterischen Phänomene» ein[37] – aber um diese Objektivität wissenschaftlich fassen zu können, muss man anders als der «Seher» Charcot vorgehen: Man muss hinhören statt hinsehen. In der psychoanalytischen Behandlung geschieht dies bekanntlich in der Haltung der «gleichschwebenden Aufmerksamkeit» des Analytikers. In seinen «Ratschlägen für den Arzt bei der psychoanalytischen Behandlung» schildert Freud in einem Vergleich des Analytikers mit einer technischen Apparatur, wie sich die Subjektivität des Analytikers idealiter in ein objektives Aufnahmeinstrument verwandelt sollte:

> «Wie der Analysierte alles mitteilen soll, was er in seiner Selbstbeobachtung erhascht, mit Hintanhaltung aller logischen und affektiven Einwendungen, die ihn bewegen wollen, eine Auswahl zu treffen, so soll sich der Arzt in den Stand setzen, alles ihm Mitgeteilte für die Zwecke der Deu-

36 Freud GW Nachtragsband, 160.

37 Freud GW I, 30.

tung, der Erkennung des verborgenen Unbewussten zu verwerten, ohne die vom Kranken aufgegebene Auswahl durch eine eigene Zensur zu ersetzen, in eine Formel gefasst: er soll dem gebenden Unbewussten des Kranken sein eigenes Unbewusstes als empfangendes Organ zuwenden, sich auf den Analysierten einstellen wie der Receiver des Telephons zum Teller eingestellt ist. Wie der Receiver die von Schallwellen angeregten elektrischen Schwankungen der Leitung wieder in Schallwellen verwandelt, so ist das Unbewusste des Arztes befähigt, aus den ihm mitgeteilten Abkömmlingen des Unbewussten dieses Unbewusste, welches die Einfälle des Kranken determiniert hat, wiederherzustellen.»[38]

Es ist natürlich sehr fraglich, wie zutreffend diese (zudem reichlich angejahrte) technische Metapher den psychoanalytischen Prozess beschreibt. Worauf ich hinweisen möchte, ist folgender Aspekt: Es ist offensichtlich, dass dieses Bild an jener epistemischen Tugend der Objektivität orientiert ist, welche das Wunschdenken des Forschers soweit als irgend möglich zurückdrängen möchte – bis hin zur vollständigen Ausschaltung der Subjektivität, selbst dort, wo er sich ihrer notgedrungen bedient. Bei Freud liest sich das so: Um sich «seines Unbewussten in solcher Weise als Instrument bei der Analyse zu bedienen», darf der Analytiker «in sich selbst keine Widerstände dulden, welche das von seinem Unbewussten Erkannte von seinem Bewusstsein abhalten» und muss «er sich einer psychoanalytischen Purifizierung unterzogen und von jenen Eigenkomplexen Kenntnis genommen» haben, «die geeignet wären, ihn in der Erfassung des vom Analysierten Dargebotenen zu stören».[39]

38 Freud GW VIII, 381ff.

39 Ebd., 382.

Es soll hier zunächst nicht um die Frage gehen, ob eine solche «Reinigung» des erkennenden Subjekts zugunsten der Objektivität seines Erkennens – ein vom Wunsch bereinigtes Denken und Urteilen – überhaupt möglich sein kann, schliesslich mündet Freuds «Traumdeutung» nicht zuletzt in die Einsicht, dass alle «komplizierte Denktätigkeit (...) doch nur einen durch die Erfahrung notwendig gewordenen Umweg zur Wunscherfüllung»[40] darstellt. Vielmehr geht es darum, ob es nicht inzwischen bessere Konzepte und bessere Methoden der Objektivierung gibt, welche ohne eine solche noch dazu im Rahmen der Psychoanalyse kaum vorstellbare «Purifizierung» auskommen. Dieser Anspruch, ein «Zurück zu Freud» vollzogen zu haben, das die Fäden seines Denkens aufnimmt, aber besser verknüpft, als dies Freud zum Ende des 19. und zu Anfang des 20. Jahrhunderts gelingen konnte, findet sich bei prominenten Vertretern der Neurowissenschaften. Stellvertretend für diese Forscher, welche eine hirnwissenschaftliche Reformulierung der Psychoanalyse anstreben, sei Eric Kandel genannt. Das Paradigma einer Psychoanalyse, welche allein dadurch Neues in Erfahrung bringen will, «dass man einzelnen Patienten aufmerksam zuhört», so Kandel, ist ausgepresst. Zudem müssen wir anerkennen, dass die «klinische Beobachtung einzelner Patienten in einem Kontext wie dem psychoanalytischen Setting, das für Verzerrungen des Beobachters so anfällig ist, keine ausreichende Grundlage für eine Wissenschaft des Geistes darstellt».[41] Kurz: Was die Psychoanalyse dem strengen Gericht der Wissenschaft zu bieten hat, sind blosse Hörensagen-Beweise, heuristisch vielleicht interessant, aber einer prozessual integren Form der Wahrheitsfindung abträglich. Also: *Einspruch, Euer Ehren!*

40 Freud GW II/III, 572.

41 Kandel 2008, 123.

Wenn die Psychoanalyse Anschluss an die modernen Formen der wissenschaftlichen Beweisführung finden soll – statt «als moderner philosophischer oder dichterischer Text an der Seite Platons, Shakespeares, Kants, Schopenhauers, Nietzsches und Prousts gelesen»[42] zu werden –, führt an den die rätselhafte Subjektivität objektivierenden Verfahren der Neurowissenschaft kein Weg vorbei. Es ist der Weg vom «indirekten Erschliessen zur direkten Beobachtung».[43] Die biologischen Methoden, die es gestatten, «geistige Prozesse bildhaft darzustellen», befreien uns aus dem Fliegenglas des Symbolischen: in diesem Fall des Hörensagens. In den Bildern, welche uns die bildgebenden Verfahren vom Hirn geben, werden gleich zwei Fliegen mit einer Klappe erledigt: Das Imaginäre und das Reale fallen hier gleichsam in eins. Das kantsche «Ding an sich» lässt sich unendlich photographieren. Die Hirnbilder, welche durch Magnetresonanz- und Positronen-Emissions-Tomographen erzeugt werden, erlauben es, jenes reale psychische Substrat z.B. der Hysterie zu sehen, welches sich der photographischen Spurensuche eines Charcots entzogen hatte.

Die Rede desjenigen, der über Rückenschmerzen klagt, verweist – sagen wir – auf einen Nierenstein. Worauf verweist die Rede des Neurotikers? Gewiss ist seine Rede ein Symptom, und als Symptom verweist sie auf einen unbewussten Konflikt. Aber verweist sie damit auf etwas, das ausserhalb ihrer selbst liegt? Oder *ist* diese Rede nicht zugleich Verkörperung eines Wunsches und dessen Abwehr, also immer selber auch das, wovon sie spricht? (So wie der Traum eine Wunscherfüllung *ist*, und nicht nur davon erzählt.)

42 Ebd., 127.

43 Ebd., 134.

Kann man sagen, die Rede des Analysanden und sein Verhalten *verweisen* auf einen Zustand oder einen Prozess im Gehirn? Oder ist es sogar umgekehrt? «Psychische Erkrankungen», schreibt Gerhard Roth in seinem Vorwort zu Kandel, «entstehen offenbar dadurch, dass lokale Netzwerke in limbischen Zentren aufgrund traumatischer Ereignisse ‹fehlverdrahtet› werden und dadurch die komplizierte Balance zwischen limbischen und kognitiven Zentren gestört wird.»[44] Man kann sich mit Recht fragen, was eine richtige Verdrahtung sein soll, und dem Hirnforscher mit ebensolchem Recht einen naiven essentialistischen Naturalismus vorwerfen. Doch darüber verkennt man leicht ein grundlegenderes Problem, das jedem Streben nach «objektiver Erkenntnis» zugrunde liegt: Eine Objektivität, die sich von der Suche nach der «Naturwahrheit» verabschiedet hat, muss sich mit dem Verhältnis zwischen dem aufgefundenen Singulären und dem diesem zu unterstellenden bzw. in ihm enthaltenen Allgemeinen auseinandersetzen. Anders gesagt: In der epistemischen Tugend «Objektivität» kommen sich zwei entgegengesetzte Tugenden immer wieder in die Quere: diejenige, welche der «objektiven» Einzigartigkeit des Gegenstandes Rechnung tragen will, und diejenige, welche auf wissenschaftliche Verallgemeinerung abzielt.

Was also würde man im Bild eines «fehlverdrahteten» Gehirns erkennen? Die objektive Struktur der Hysterie oder der Zwangsneurose, die in allen Hysterien und Zwangsneurosen je die gleiche wäre? Oder aber (lediglich?) den materiellen Niederschlag, das funktionale Substrat jener Geschichten, welche Zwangneurotiker und Hysteriker erzählen? Geschichten, die je nach der jeweiligen neurotischen Struktur eine ähnliche Tö-

44 Ebd., 13.

nung haben mögen, die sich untereinander aber alle dadurch unterscheiden, dass sie einzigartige Geschichten (Erzählungen) einer ebenso singulären Geschichte (Biographie) sind. Fallen die einzelnen «subjektiven» Geschichten gegenüber der «objektiven» Struktur so wenig ins Gewicht wie die Redewendungen, in denen jemand von seinen Koliken erzählt, gegenüber der Tatsache, dass diese – letztlich! – von einem Nierenstein verursacht werden? Sind die Hirnbilder knapper, aber vollwertiger Ersatz für unzuverlässiges Erzählen? Reduzieren sie die langfädigen Geschichten der Analysanden endlich auf das Wesentliche, filtern sie all das überflüssige weisse Rauschen heraus, das die häufigste Ursache der vielleicht schlimmsten Berufskrankheit des Analytikers bildet: der Langeweile? Sagt ein Bild mehr als tausend Worte? Oder sind die Hirnbilder eben doch nur visualisierte Verdichtungen bzw. Momentaufnahmen dieser Erzählungen mit all ihren Umwegen und Abschweifungen: Bilder, deren anschliessende Interpretation nicht minder langfädig sein müsste als eine gewöhnliche psychoanalytische Behandlung? Dann aber blieben die Versuche, das unbewusste oder bewusste Denken bildlich zu objektivieren, um damit jene Probleme zu lösen, an welchen die Psychoanalyse aus Gründen methodischer Rückständigkeit scheitert, trivial – so trivial wie die Behauptung, man könne den Sinn eines Textes an der Anordnung der Druckerschwärze auf dem Papier «objektiv» erkennen. Denn diese Behauptung ist ja nicht falsch, sie ist freilich aber auch nicht mehr als eine szientifisch verklausulierte Formulierung für das, was wir immer schon als «Lesen» kannten.

Wenn ich an dieser Stelle den Vorschlag mache, «zurück zu Freud» zu gehen, dann nicht mit dem Hochmut des von all dem neumodischen Kram bitter Enttäuschten, sondern in Form einer selbstkritischen Reflexion auf eine Art des Objektivismus, welche die Psychoanalyse bereits in den 20er Jahren des letzten Jahrhunderts in eine jener Sackgassen geführt hat, in denen diese immer noch steckt. Ich möchte zum Schluss noch ganz kurz am Beispiel der Konzeptualisierung des berühmten Ödipuskomplexes veranschaulichen, wie der Versuch, einerseits eine strukturelle Objektivität jenseits der Zufälligkeiten des Lebens und andererseits ein zu objektiven Aussagen befähigtes Erkenntnissubjekt zu gewinnen, die Psychoanalyse sklerotisiert hat.

Bis Anfang 1920er Jahre beschreibt der Ödipuskomplex jenen wichtigen, aber nicht alles entscheidenden Teil der psychosexuellen Subjektgeschichte, der mit dem Verhältnis des Kindes zu seinen Eltern verknüpft ist. Zusammen mit dem Konzept einer grundlegenden Bisexualität umfasst er sowohl für den Knaben wie für das Mädchen ein weites Feld je individueller Möglichkeiten seiner Realisation. 1923 heisst es z.B. in «Das Ich und das Es»:

> «Man gewinnt (...) den Eindruck, dass der einfache Ödipuskomplex überhaupt nicht das häufigste ist, sondern einer Vereinfachung oder Schematisierung entspricht, die allerdings oft genug praktisch gerechtfertigt bleibt. Eingehendere Untersuchung deckt zumeist den vollständigeren Ödipuskomplex auf, der ein zweifacher ist, ein positiver und ein negativer, abhängig von der ursprünglichen Bisexualität des Kindes, d.h. der Knabe hat nicht nur eine ambivalente Einstellung zum Vater und eine zärtliche Objektwahl für die Mutter, sondern er benimmt sich auch gleichzeitig wie ein Mädchen, er zeigt die zärtliche feminine Einstellung zum Vater und die ihr entsprechende eifersüchtig-feindselige gegen die Mutter. Dieses Eingreifen der Bisexualität macht es so schwer, die Verhältnisse der primitiven Objektwahlen und Identifizierungen zu durchschauen und noch schwieriger, sie fasslich zu beschreiben. (...)

Ich meine, man tut gut daran, im Allgemeinen und ganz besonders bei Neurotikern die Existenz des vollständigen Ödipuskomplexes anzunehmen. Die analytische Erfahrung zeigt dann, dass bei einer Anzahl von Fällen der eine oder der andere Bestandteil desselben bis auf kaum merkliche Spuren schwindet, so dass sich eine Reihe ergibt, an deren einem Ende der normale, positive, an deren anderem Ende der umgekehrte, negative Ödipuskomplex steht, während die Mittelglieder die vollständige Form mit ungleicher Beteiligung der beiden Komponenten aufzeigen. Beim Untergang des Ödipuskomplexes werden die vier in ihm enthaltenen Strebungen sich derart zusammenlegen, dass aus ihnen eine Vater- und eine Mutteridentifizierung hervorgeht, die Vateridentifizierung wird das Mutterobjekt des positiven Komplexes festhalten und gleichzeitig das Vaterobjekt des umgekehrten Komplexes ersetzen; Analoges wird für die Mutteridentifizierung gelten. In der verschieden starken Ausprägung der beiden Identifizierungen wird sich die Ungleichheit der beiden geschlechtlichen Anlagen spiegeln.»[45]

Kurz: Vieles ist möglich und fast nichts unmöglich.

Nur ein Jahr später, in der «Untergang des Ödipuskomplex» ist derselbe zum «zentrale[n] Phänomen der frühkindlichen Sexualperiode»[46] geworden und die Kastrationsangst, die zuvor eine «infantile Sexualtheorie» war, wird nunmehr tragender Bestandteil der psychoanalytischen Theorie selbst. Die Geschlechtsdifferenz wird an das Primat des Phallus gebunden. Der Knabe, dem die Mutter oder die Gouvernante damit droht,

45 Freud GW XIII, 261f.

46 Ebd., 393.

dass der Vater oder der Doktor ihm das Schnäbeli abschneide, wenn er nicht von der Unsitte des Masturbierens und / oder des Bettnässens lasse, glaubt dieser Drohung zunächst noch nicht – bis er schliesslich das Genital eines Mädchens oder einer Frau sieht und erkennen muss, dass es tatsächlich Wesen gibt, an denen die grausame Strafe der Kastration vollzogen wurde. Aus Angst verzichtet er also auf die geliebte Mutter und identifiziert sich mit dem verbietenden Vater.

> «Die ins Ich introjizierte Vater- oder Elternautorität bildet dort den Kern des Über-Ichs, welches vom Vater die Strenge entlehnt, sein Inzestverbot perpetuiert und so das Ich gegen die Wiederkehr der libidinösen Objektbesetzung versichert. Die dem Ödipuskomplex zugehörigen libidinösen Strebungen werden zum Teil desexualisiert und sublimiert, was wahrscheinlich bei jeder Umsetzung in Identifizierung geschieht, zum Teil zielgehemmt und in zärtliche Regungen verwandelt. Der ganze Prozess hat das Genitale einerseits gerettet, die Gefahr des Verlustes von ihm abgewendet, es anderseits lahmgelegt, seine Funktion aufgehoben. Mit ihm setzt die Latenzzeit ein, die nun die Sexualentwicklung des Kindes unterbricht.
>
> Ich sehe keinen Grund, der Abwendung des Ichs vom Ödipuskomplex den Namen einer ‹Verdrängung› zu versagen, obwohl spätere Verdrängungen meist unter der Beteiligung des Über-Ichs zustandekommen werden, welches hier erst gebildet wird. Aber der beschriebene Prozess ist mehr als eine Verdrängung, er kommt, wenn ideal vollzogen, einer Zerstörung und Aufhebung des Komplexes gleich. Es liegt nahe anzunehmen, dass wir hier auf die niemals ganz scharfe Grenzscheide zwischen Normalem und Pathologischem gestossen sind. Wenn das Ich wirklich nicht viel mehr als eine Verdrängung des Komplexes

erreicht hat, dann bleibt dieser im Es unbewusst bestehen und wird später seine pathogene Wirkung äussern.»[47]

Ob nun Gouvernante, Mutter, Vater, Doktor, Masturbation, Bettnässen und gleich, wann der Knabe zum ersten Mal eine nackte Frau sieht (Mutter, Schwester oder Handy-Porno-Bild), alle Kontingenzen und Wechselfälle des Alltags konvergieren letztlich zu einer fixen Struktur – in Anlehnung an Gerhard Roths Terminologie: zur richtig verdrahteten ödipalen Psyche. Die Grenze zur fehlverdrahteten mag nicht immer sicher zu ziehen sein, aber es gibt sie. Und sie markiert zugleich die Grenze zwischen dem «purifizierten» und dem «unreinen» Erkenntnissubjekt. Da die Frauen immer schon kastriert waren, konnte ihr Ödipuskomplex niemals auf jene selbstreinigende Weise untergehen, die den unneurotischen Mann auszeichnet, welchem die vollständige «Zerstörung und Aufhebung» des Ödipuskomplexes gelungen ist. Folglich können sie dann entsprechend nicht so «rein» denken wie der ideale ödipale Mann.

Die Pointe des vermeintlichen freudschen «Sexismus» ist freilich nicht patriarchale Misogynie, sondern eine andere: Im Versuch, den Geschichten, welche er als Psychoanalytiker zu hören bekam, eine objektive Struktur zu geben und gleichzeitig die objektive Erkenntnis von Subjektivität sicherzustellen, musste eine Meta-Geschichte geschaffen werden, welche beides zugleich ermöglichte. In der Meta-Geschichte von der gelungenen Ödipalität wurde die Objektivität der Novellen zum Objektivismus des Ödipuskomplexes. Und auf dem Hirnbild von heute erkennt man so in gewisser Hinsicht den späten Ödipuskomplex von gestern wieder: als eine geronnene Struktur, welche Wahrheit verbürgen soll.

---

47 Ebd., 399.

Lacans Schlachtruf «Zurück zu Freud» war für das psychoanalytische Denken als Aufforderung befreiend, vor lauter Antworten nicht die ihnen zugrundeliegenden Fragen zu vergessen. Doch was einmal als Befreiungsschlag wirkte, droht die Psychoanalyse mittlerweile ins Reduit einer sterilen Scholastik und staubigen Selbsthistorisierung einzuschliessen. Sie daraus zu erlösen, sind neurowissenschaftliche Konzepte der Psychoanalyse angetreten. Sie wollen dem «Zurück zu Freud» eine neue, frische Wendung geben im Sinne eines «Zurück zu den Phänomenen». Aber auch der «neuroscientific turn» zum «neurologischen» Freud erscheint kaum als erquickliche Perspektive, da in ihr nur jene Sackgasse weiter ausgebaut wird, in welche Freud schon selbst geraten ist – und zwar nicht mit seinen neurologischen Forschungen, die er mangels vielversprechender bildgebender Verfahren aufgeben musste, sondern mit der Psychoanalyse selber, namentlich mit seinen immer objektivistischer werdenden Formulierungen des Ödipuskonzepts.

Wie viele Unbewusste?

I.

Das Unbewusste hat sich von seiner jahrzehntelang nahezu exklusiven Bindung an die Psychoanalyse emanzipiert.[48] Seinen neuen und zudem sichereren Platz hat es in der Hirnforschung und in der Evolutionsbiologie gefunden. Tagtäglich erfahren wir – vermittelt durch universitäre Pressemitteilungen und durch in launige Meldungen verpackte Zusammenfassungen entsprechender Publikationen aus renommierten Zeitschriften wie «Science» –, dass unser Bewusstsein nicht Herr im eigenen Hirn ist und wir daher gu-

48 Freud hatte stets die Exklusivität dieser Verbindung betont, nicht zuletzt, indem er die philosophischen «Traditionslinien des ‹Unbewussten›» hartnäckig ignorierte; vgl. Gödde 1999, Dorer 1932, Ellenberger 1996, Buchholz/Gödde 2005-6 sowie Völmicke 2005. In der «Selbstdarstellung» von 1925 stellt er einmal mehr die generalisierende Behauptung auf, dass für «die Philosophen (…) ‹bewusst› und ‹psychisch› identisch» gewesen seien: Die Philosophen «beteuerten, sie könnten sich so ein Unding wie das ‹unbewusste Seelische› nicht vorstellen» (GW XIV, 57). Diese seltsame Verleugnung hielt jedem besseren Wissen stand. Allein die Tatsache, dass sein philosophischer Lehrer, Franz Brentano, die Annahme «unbewusster Vorstellungen» strikt ablehnte, dürfte Freud auf die Idee gebracht haben, dass die Rede vom Unbewussten eine philosophische Herkunft hat. Wenn ihm also nicht ohnehin schon seit seiner Studienzeit die philosophische Tradition des «Unbewussten» klar gewesen war, so hätte ihn das Buch von Israel Levine über «Das Unbwusste» spätestens 1923 darüber aufgeklärt: «Dear Jones, who is Israel Levine? I never was so much pleased by a book on a Ψα matter as by his Unconscious. A rare bird if he is a philosopher. I want to know the man better», schreibt Freud am 7. April 1923 an Ernest Jones (Freud / Jones 1993). Drei Jahre später erscheint das von Freud hochgeschätzte Buch des in Exeter lehrenden Philosophen – übersetzt von Anna (dabei assistiert von ihrem Vater) – als Band XX der Internationalen Psychoanalytischen Bibliothek. Der erste Teil des Buches gibt eine Übersicht über die Geschichte der Behandlung des Unbewussten in der Philosophie: Man könne, schreibt Levine in der «Einleitung», «fast von einer Tradition des Unbewussten sprechen, die viele hervorragende Philosophen zu ihren Anhängern zählt» (1926, 5). Freilich betont Levine vor allem den mit Freud vollzogenen Bruch in der Auffassung des Unbewussten. Die Betrachtung der vormaligen philosophischen Konzepte lehre «eine richtige Abschätzung dessen, was Freud zu diesem Thema beigetragen hat, und zeigt, inwieweit seine Auffassung in vollem Gegensatz zu der seiner Vorgänger steht» (ebd.). Diesen Gegensatz interpretiert Levine als einen methodischer Natur: «Freud ist seinem Wesen nach medizinischer Psychologe und alles eher als der Begründer eines metaphysischen Systems. Sein Begriff des Unbewussten ergab sich ihm in erster Linie aus dem Studium der Hysterie und anderer psychischer Erkrankungen. Seine Arbeitsmethode ist die des geduldig beobachtenden und sammelnden Wissenschaftlers. (…) Wenn wir uns also von der Literatur vor Freud zu den Arbeiten von Freud selber wenden, so verlassen wir damit das Gebiet mehr oder weniger spekulativer Konzeptionen und beschäftigen uns mit Auffassungen, die als das Ergebnis wissenschaftlicher Induktion gewertet werden wollen» (43).

ten Grund haben, uns alles Mögliche zu verzeihen, *denn wir wissen nicht, was wir tun.*[49] Unbewusstheit ist gleichsam die strukturelle Grundlage unseres Denkens und Handelns – und um das zu erkennen, brauchen wir weder Schopenhauer noch Nietzsche, nicht Leibniz und nicht Herbart oder Eduard von Hartmann, aber auch nicht länger Freud, Klein und Lacan. Die Pointe dessen, was *functional Magnetic Resonance Imaging* (fMRI) und/oder evolutionsbiologische (mittlerweile auch evolutionsökonomische) Experimente zeigen, ist nicht, dass sie die Existenz eines Unbewussten widerlegen, sondern vielmehr in so überzeugender Weise *belegen*, dass die Psychoanalyse in dieser naturwissenschaftlichen Anthropologie längst (gut) aufgehoben scheint.

Die Kritik an einer solchen «Naturalisierung» des Psychischen in den Neurowissenschaften und in der Evolutionsbiologie, welche davon sprechen, dass unser Hirn sich schon entschieden hat, bevor «wir» uns entscheiden, und dass unser Verhalten vom Höhlenmenschen in uns – einem genetisch tra-

49 Es ist auffällig, dass das Unbewusste in diesen Zusammenhängen vor allem als Argument gegen die «Illusion» menschlicher Freiheit in Anschlag gebracht wird. Man erkennt hier eine Argumentationsfigur wieder, die auch in der moralphilosophischen Rezeption der Psychoanalyse der 1950er Jahre – etwa bei John Hospers – eine Rolle gespielt hat: «Zahllose kriminelle Handlungen werden höchst detailliert geplant; dennoch agieren die Täter (ohne es selbst zu wissen) nur Phantasien, Ängste und Abwehrmechanismen ihrer frühen Kindheit aus, deren Kommen und Gehen sie nicht bewusst kontrollieren können. (...) All dies ist Psychoanalytikern gut bekannt. Aus kleinen Hinweisen, die die meisten von uns nicht bemerken, können sie voraussagen, ob jemand Glück haben wird oder nicht.» (Hospers 1958, 127 und 137, Übers. d. Verf.) Elke Völmicke hat im Hinblick auf «Das Unbewusste im deutschen Idealismus» gezeigt, dass eine solche Interpretation keineswegs einer Logik folgt, die sich aus dem Konzept des Unbewussten zwangsläufig ergeben muss: «Die in der systemlogischen Fassung des Begriffs des Unbewussten – insbesondere durch Schelling – herausgearbeitete Korrelation von Freiheit und Unbewusstem muss somit erst im ‹post-freudianischen› Zeitalter, dem das Unbewusste zum Inbegriff der Determination und zum Symptom für die Krise einer vermeintlich selbstbestimmten und selbstbewussten Subjektivität geworden ist, als ein unsinniges Paradox erscheinen. Gemäss idealistischer Ansicht bedeutet die in wissenschaftlicher Einstellung erfolgende Einführung des Begriffs vom Unbewussten in die systematische Vernunft- und Bewusstseinstheorie aber gerade nicht, Vernunft sei nicht Herr im eignen Haus, sondern verweist darauf, dass die Souveränität und Unbedingtheit der Vernunft gerade darin besteht, auch das den ‹Begriff Fliehende› als notwendiges Strukturmoment in die Theorie vernünftiger Welt- und Selbstbildproduktion integrieren und als (intrinsisches) Moment der Selbstauslegung der Vernunft verstehen zu können.» (2005, 278f.)

dierten Unbewussten – determiniert ist, ist gut gemeint und ebenso gut begründbar, aber sie läuft gerade dort ins Leere, wo sie dieser «jenseitigen» Verortung des Unbewussten im Hirn und / oder in der Gattungsgeschichte eine psychoanalytische Konzeptualisierung des Unbewussten entgegensetzen möchte, die grundsätzlich anders sei.

Man kann dies leicht am Gründungsbuch der Psychoanalyse, der «Traumdeutung», zeigen. Hier wird das Unbewusste zunächst als ganz individueller, unbewusster Wunsch entziffert, der sich in entstellter Form erfüllt. Das Unbewusste ist ein singuläres persönliches, ein mit einem spezifischen biographisch zu erhellenden Wunsch verknüpftes Unbewusstes, das sich im erinnerten Traum zugleich zeigt und verbirgt. Für diese Singularität stehen das Datum, mit dem Freud sein «Traummuster» von «Irmas Injektion» versieht – «Traum vom 23./24. Juli 1895» [50] –, und Freuds Aufforderung an den Leser, bei der Lektüre des Vorberichts zum Traum, der Schilderung des Traums selber und schliesslich seiner Deutung «eine ganze Weile meine Interessen zu den seinigen zu machen und sich mit mir in die kleinsten Einzelheiten meines Lebens zu versenken». [51] Das Unbewusste wird – um einen Terminus Bruno Latours zu verwenden – in der Deutung dieses Traums in zweierlei Hinsicht «artikuliert»: Erstens als Inhalt, als eine ganz bestimmte Wunscherfüllung, die da lautet: *Ich bin unschuldig an Irmas Leiden.* Diese Deutung ergibt sich aus den Einfällen, die der Träumer – Freud – zu den Elementen des Traums assoziiert. [52] Und zweitens als Funktionsweise der Traumarbeit mit

50 Freud GW II/III, 111.

51 Ebd., 110.

52 Das nicht zu unterschätzende Problem, dass Freud aus Gründen der Diskretion – dieser Traum ist schliesslich sein eigener – einen Teil seiner Einfälle unterschlägt, müssen wir hier unsererseits ausblenden, um die Angelegenheit nicht noch weiter zu verkomplizieren.

ihren Mechanismen der Verschiebung, Verdichtung und szenischen Verbildlichung. Das Unbewusste teilt sich hier also in einen spezifischen Inhalt und eine allgemeine Mechanik, mittels deren es diesem Inhalt Gestalt verleiht.[53]

Man könnte die Darstellung der Entwicklung des Begriffs des Unbewussten aus der Methode der Traumdeutung an dieser Stelle abbrechen mit der Behauptung, diese beiden Aspekte – spezifischer Inhalt und allgemeine Mechanik – konstituierten die zwei wesentlichen Achsen des «epistemischen Gegenstandes» des Unbewussten, von dem die Psychoanalyse auf eine ganz spezifische Weise handle – hervorgebracht in dem für sie charakteristischen «Experimentalsystem»[54] der freien Assoziation. Bis hierher hat man die Begrifflichkeit, welche Wissenschaftsforscher wie Bruno Latour und Hans-Jörg Rheinberger für die Beschreibung der «Entstehung und Entwicklung einer wissenschaftlichen Tatsache»[55] bereitstellen, keineswegs überreizt oder analogisch überdehnt. Freud beschreibt im zweiten Kapitel der «Traumdeutung» unter dem Titel «Die Methode der Traumdeutung» das Modell einer Praxis, in welcher das Unbewusste als Produkt und «Abfall» von Deutungen und Annahmen entsteht, die etwas schaffen, was man mit Latour «zirkulierende Referenz» nennen könnte: «*Die Referenz ist eine Eigenschaft der Kette in ihrer Gesamtheit* und nicht der *adaequatio rei et intellectus*. Die Wahrheit *zirkuliert* in ihr wie die Elektrizität entlang eines Drahtes, und zwar solange, wie er nicht zerschnitten wird.»[56]

53 Die Fokuserweiterung vom aktuellen Wunsch zum infantilen sexuellen Wunsch, der sich dieses aktuellen Wunsches für seine Erfüllung bedient, stellt eine zusätzliche Verschiebung des Unbewussten dar, die mit der Analyse des «Traummusters» nicht gedeckt ist.

54 Rheinberger 1992 und 2006.

55 Fleck 1980.

56 Latour 2000, 85.

Würden wir an diesem Punkt das psychoanalytische Unbewusste von jenem der Hirnforschung und der Evolutionsbiologie grundsätzlich zu unterscheiden versuchen, könnten wir sagen: Anders als deren Unbewusstes ist es seinem Inhalt nach höchst individuell[57]; überindividuell ist (lediglich?) die Mechanik, mittels deren es Wünsche in die Gestalt eines Traumes (oder auch Symptoms) transformiert. Doch kaum ist dieser artikuliert, transzendiert der epistemische Gegenstand des Unbewussten auch schon das Experimentalsystem des Traumdeutens, in dem er entstanden ist (um nicht zu sagen: Er sprengt es). Die «typischen Träume» reden von überindividuellen Inhalten, und die in einer «Ursprache» wurzelnde Sprache der Symbolik repräsentiert ein begrenztes Spektrum kollektiver Bedeutungen.[58] Wir finden also in der Psychoanalyse selbst eine Tendenz zur «Verjenseitigung» des Unbewussten, mit welcher Neurowissenschaften und Evolutionsbiologie – nun aber auf der Höhe der zeitgenössischen Wissenschaft – die alten Spekulationen der Psychoanalyse auf ein empirisches Fundament stellen wollen. Obwohl Freud sich alle Mühe gibt, seine lamarckistisch-darwinistischen Spekulationen über allen Menschen gemeinsame Urinhalte des Unbewussten (welche ein im Hominidisierungsprozess gebildetes Sediment bilden) strikt von Jungs Konzept eines kollektiven Unbewussten zu unterscheiden, sind die behaupteten Differenzen wenig plausibel: So wie Freud auf Jungs Vorschlag, Libido triebmonistisch als einheitliche psychische Energie zu verstehen, damit antwortet, dass er den Narzissmus in die Psychoanalyse ein-

57 Malabou (2006) freilich weist darauf hin, dass eine naturalistische Interpretation der Neurowissenschaften keineswegs zwingend ist, indem sie die «Geschichtlichkeit» unseres Hirns in den Mittelpunkt ihrer Überlegungen rückt. Das Hirn ist dann nicht eine letzte naturgegebene determinierende Instanz, sondern eher ein «Faitiche» in Sinne Latours.

58 Die Symbolik ist ein gattungsgeschichtliches Erbe: Freud kann sich hier auf den Linguisten Hans Sperber (1912) und dessen These von der Entstehung der Sprache aus der Sexualität berufen.

führt[59] und damit die alten Triebmonismen von Ich- und Objekt-, Sexual- und Selbsterhaltungstrieben seinerseits in Frage stellt, so entwirft er in «Totem und Tabu» eine phylogenetische Grundlegung des Unbewussten, welche kaum als Widerlegung der jungschen Position betrachtet werden kann. In der Fallgeschichte des Wolfsmanns, die gegen die jungsche konstruktivistische Theorie des «Zurückphantasierens» argumentiert, schreibt Freud:

> «Ich möchte selbst gerne wissen, ob die Urszene bei meinem Patienten Phantasie oder reales Erlebnis war, aber mit Rücksicht auf andere ähnliche Fälle muss man sagen, es sei eigentlich nicht sehr wichtig, dies zu entscheiden. Die Szenen von Beobachtung des elterlichen Sexualverkehrs, von Verführung in der Kindheit und von Kastrationsandrohung sind unzweifelhafter ererbter Besitz, phylogenetische Erbschaft, aber sie können ebensowohl Erwerb persönlichen Erlebens sein. (...) Wir sehen nur in der Urgeschichte der Neurose, dass das Kind zu diesem phylogenetischen Erleben greift, wo sein eigenes Erleben nicht ausreicht. Es füllt die Lücken der individuellen Wahrheit mit prähistorischer Wahrheit aus, setzt die Erfahrung der Vorahnen an die Stelle der eigenen Erfahrung ein.»[60]

Es geht hier nicht um die bemerkenswerte Argumentationsfigur einer Widerlegung durch affirmierende Aufhebung, die Freud in Bezug auf Jung einmal mehr praktiziert (es

59 Vgl. Schneider 2005.

60 Freud GW XII, 131.

ist in gewissem Sinne dieselbe Figur, mit welcher die Hirnforschung Freud «aufhebt»), sondern darum, wie der Begriff des Unbewussten – kaum hat er Form angenommen – sogleich neue Bestimmungen erhält, die gegenüber seiner Ableitung aus der Deutung des Traummusters von «Irmas Injektion» in wesentlicher Hinsicht heterogen sind.

II.

Andreas Mayer hat gezeigt, wie und warum die Psychoanalyse die Formen der «Artikulation» des Unbewussten aus dem Hypnose-Labor charcotschen Zuschnitts in das private Sprechzimmer verlagert[61] – nicht zuletzt, weil die öffentliche Präsentation dieser Artikulation zunehmend «unwissenschaftlich» und damit anrüchig geworden war.[62]

---

61 Mayer 2002.

62 In den «Studien über Hysterie», jenem Buch, das den Übergang vom hypnotischen zum psychoanalytischen Unbewussten markiert – einen Übergang, der nicht einfach ein epistemologischer Bruch ist –, stellt Freud ein bemerkenswertes Experiment mit seiner Patientin Emmy von N. an, das wie eine Reminiszenz der öffentlichen Hypnosepraxis anmutet. «Während der Hypnose, die ich zur Erledigung der Eisenbahnhemmung unternahm, schien sie selbst von den Antworten, die sie gab, unbefriedigt, und sie drückte die Furcht aus, sie würde jetzt wohl der Hypnose nicht mehr so gehorchen wie früher. Ich beschloss, sie vom Gegentheil zu überzeugen. Ich schrieb einige Worte auf einen Zettel nieder, den ich ihr übergab, und sagte: ‹Sie werden mir heute Mittag wieder ein Glas Rothwein einschänken wie gestern. Sowie ich das Glas zum Mund führe, werden Sie sagen: Ach bitte, schänken Sie mir auch ein Glas voll, und wenn ich dann nach der Flasche greife, werden Sie rufen: Nein, ich danke, ich will doch lieber nicht. Darauf werden Sie in Ihre Tasche greifen und den Zettel hervorziehen, auf dem dieselben Worte stehen.› Das war Vormittags; wenige Stunden später vollzog sich die kleine Scene genau so, wie ich sie angeordnet hatte, und in so natürlichem Hergang, dass sie keinem der zahlreichen Anwesenden auffiel. Sie schien sichtlich mit sich zu kämpfen, als sie von mir den Wein verlangte, – sie trank nämlich niemals Wein, – und nachdem sie mit offenbarer Erleichterung das Getränk abbestellt hatte, griff sie in die Tasche, zog den Zettel hervor, auf dem ihre letztgesprochenen Worte zu lesen waren, schüttelte den Kopf und sah mich erstaunt an.» (Vgl. Breuer/Freud 1895, 71f.) Freuds kleiner Taschenspielertrick soll der Patientin den Glauben an die Wirksamkeit der hypnotischen Therapie zurückgeben, indem er ihr die Macht unbewusst wirkender Anordnungen unmittelbar vorführt – und zwar *coram publico*, allerdings so, dass der Sinn dieser Szene nur von ihr und Freud verstanden werden kann, während er den «zahlreichen Anwesenden» entgeht

Doch der Privatisierungsschub schafft zugleich eine neue Form der Öffentlichkeit: Durch die Lektüre der «Traumdeutung» «sollte es dem Leser möglich werden, in Form einer ‹Selbstanalyse› zu denselben Ergebnissen zu kommen wie der Autor. Damit verlagerte Freud die Ausbildung seines Verfahrens von der Lokalität des Behandlungszimmers in das virtuelle Medium des Textes (...)».[63] Die Selbstanalyse wird durch die Publikation der «Traumdeutung» eine zugängliche Forschungsmethode; aus einer nach aussen weitgehend abgeschlossenen dyadischen Praxis zwischen Freud und Fliess[64] wird mit der Veröffentlichung der «Traumdeutung» eine offene soziale Praxis.[65] Das «Unbewusste» wird gleichermassen privatisiert wie sozialisiert.

Durch diese Transformation, in deren Verlauf das psychoanalytische Unbewusste aus dem Hypnose-Unbewussten hervorgeht, wird es weiteren Transformationen zugänglich, welche die «Laborsituation» der psychoanalytischen Privatpraxis überschreiten. Wenn man also verstehen will, was das Unbewusste für die und in der Psychoanalyse bedeutet, muss man zunächst der Versuchung widerstehen, ein solches Verständnis mit einer Art Reinigungsprozedur gleichzusetzen, die das Unbewusste von möglichen ausserpsychoanalytischen Missverständnissen und psychoanalytischen Selbstmissverständnissen reinigt. Vielmehr gilt es, nicht nur die Vielgestaltigkeit, sondern geradezu die *Vielheit* dieses für die Psychoanalyse so wesentlichen Gegenstandes anzuerkennen. Man sollte sich also besser von vornherein mit dem Gedanken anfreunden, dass vom

63 Mayer 2002, 222.

64 Dass uns vom Briefwechsel zwischen Freud und Fliess fast ausschliesslich die Briefe Freuds überliefert sind, mag dazu beigetragen haben, die Selbstanalyse Freuds als einen im Grunde einsamen, heroischen Akt zu verstehen.

65 Vgl. Marinelli / Mayer 2000, 37ff., und Marinelli / Mayer 2002.

psychoanalytischen Unbewussten (oder sagen wir, um das Feld der Untersuchung wenigstens etwas einschränken zu können: vom freudschen Unbewussten) besser im Plural zu sprechen ist. Das Unbewusste ist nicht das Ergebnis einer durch eine «Standardtechnik» gesicherten *adaequatio intellectus et rei*, sondern *viele* Produkte, welche durch recht unterschiedliche kaskadenförmige «Ketten» von «Transformationen» generiert werden[66]; Ketten, an deren einem Ende freilich oft genug Texte stehen, die einen einheitlichen Gegenstand «das Unbewusste» suggerieren.[67]

Wenn Bruno Latour davon spricht, dass der Forscher seinem Gegenstand dazu verhilft, sich zu «artikulieren» (und vice versa der Gegenstand dem Forscher), so mag einen diese ungewohnte Ausdrucksweise zunächst befremden. Auf Freud und den Gegenstand des Unbewussten lässt sie sich geradezu wörtlich übertragen (auch in der Umkehrung: Freud wird durch die Artikulation des Unbewussten zum Psychoanalytiker). Doch ist es nicht eine Artikulation, in der das Unbewusste zum freudschen Unbewussten und Freud zum Erforscher des Unbewussten wird, sondern es sind *viele* Artikulationen, welche innerhalb ganz unterschiedlicher Versuchsanordnungen entstehen. *Das* Unbewusste ist kein

66 Vgl. Latour 2000, vor allem Kapitel 3

67 Dass gerade derjenige Text Freuds, «Das Unbewusste» von 1915, von dem man eine solche Vereinheitlichung des Gegenstandes (der als gemeinsamer Gegenstand der Forschung immerhin auch die Einheit der psychoanalytischen Forschergemeinde garantieren soll) hätte erwarten können, den Leser eher verwirrt statt ihn lehrbuchmässig resümierend über den letzten Stand der psychoanalytischen Wissenschaft aufzuklären, ist vielleicht ein Indiz dafür, dass «das Unbewusste» schlecht zum Schibboleth taugt, was Psychoanalyse ist und was nicht (mehr). Davon zeugen schon die ersten beiden Sätze des ersten Abschnitts, welcher den Titel «Rechtfertigung des Unbewussten» trägt: «Die Berechtigung, ein unbewusstes Seelenleben anzunehmen und mit dieser Annahme wissenschaftlich zu arbeiten, wird uns von vielen Seiten bestritten. Wir können dagegen anführen, dass die Annahme des Unbewussten notwendig und legitim ist, und dass wir für die Existenz des Unbewussten mehrfache Beweise besitzen.» (GW X, 264f.) Legitime und notwendige Annahme und zugleich mehrfach bewiesene Existenz – wäre weniger nicht mehr gewesen?

einzelnes epistemisches Ding; es bildet vielmehr eine Art Wolke aus durch «Familienähnlichkeiten» (Wittgenstein) miteinander verbundener Dinge, welche ihrerseits die Psychoanalyse konstituieren.

Die Fragen, mit denen man sich also beschäftigen muss, lauten: Ist das Unbewusste des kleinen Hans, das Freud aufgrund der Berichte von dessen Vater rekonstruiert (die Mutter ist gleichzeitig Freuds Patientin), dasselbe wie Doras, Leonardos, Schrebers, Woodrow Wilsons oder Haitzmanns, des Protagonisten des «Falls einer Teufelsneurose»? Ist das Unbewusste der Zwangsneurose dasselbe wie dasjenige der Hysterie, wenn es sich doch wesentlich dadurch auszeichnet, dass in der Zwangsneurose eine für das Ich unannehmbare Vorstellung nicht verdrängt, sondern isoliert wird? Ist das Unbewusste des Traums ohne Umstände mit demjenigen des Witzes oder jenem der Fehlleistung zu identifizieren? Welches Unbewusste artikuliert «Totem und Tabu», welches der «Mann Moses», welches die «Gradiva»? Warum interessiert Freud in der Analyse des Rattenmanns nicht das Unbewusste des grausamen Hauptmanns? Die Antworten dürften keineswegs so trival sein, wie die Fragen auf den ersten Blick erscheinen mögen.

Freud und das Konzept der psychischen Lokalität

> Psyche ist ausgedehnt, weiss nichts davon.[68]
> *Freud*

Gibt es einen epistemologischen Bruch zwischen dem voranalytischen, neurowissenschaftlichen und dem psychoanalytischen Freud – oder aber ist die Psychoanalyse eine Fortführung der Neurowissenschaft mit anderen Mitteln? Muss man dem berühmten lacanschen Slogan «Zurück zu Freud», entgegen dessen antiszientistischer Stossrichtung, vielleicht einen ganz anderen Sinn verleihen, nämlich denjenigen, dass eine ernsthafte Rückbesinnung auf die neurowissenschaftlichen Wurzeln der Psychoanalyse uns dazu führen muss, deren Zukunft im neurowissenschaftlichen Paradigma anzusiedeln?

Als der Zürcher Neurologe und Psychoanalytiker Rudolf Brun zu Freuds 80. Geburtstag einen Artikel über dessen frühe neurobiologische Arbeiten verfasste[69], bedankte Freud sich höflich: Er sei jedoch «erschreckt durch die Würdigung, die Sie denselben zu schenken scheinen. Denn ich weiss, die meisten von ihnen taugen wenig, einige aber gar nichts.»[70]

Daraus jedoch eine *grundsätzliche* Geringschätzung seiner früheren neurologischen Forschungen abzuleiten, wäre nicht nur voreilig, sondern auch falsch. Denn gewiss hat Freud seine ausführliche «kritische Studie» «Zur Auf-

68 Freud GW XVII, 152. Es handelt sich bei diesem Satz um den Schluss einer Notiz Freuds aus dem Jahr 1938. Vollständig lautet sie: «Räumlichkeit mag die Projektion der Ausdehnung des psychischen Apparats sein. Keine andere Ableitung wahrscheinlich. Anstatt Kants a priori Bedingungen unseres psychischen Apparats. Psyche ist ausgedehnt, weiss nichts davon.»

69 Brun 1936.

70 Brief vom 18.3.1936, abgedruckt in: Aeschlimann 1980, 67.

fassung der Aphasien» (von 1891) sowie das umfangreiche Werk über «Die infantile Cerebrallähmung» (von 1897) für durchaus wertvolle Beiträge zur Forschung gehalten. Die spätere Arbeit über «Die infantile Cerebrallähmung»[71] erinnert allerdings nicht im Geringsten an den neuartigen «novellistischen» Duktus der «Studien über Hysterie»[72], welche bereits zwei Jahre zuvor erschienen waren und heute als das «Ur-Buch» der Psychoanalyse gelten, während die frühere Aphasie-Arbeit durchaus Anklänge an das psychologische Interesse Freuds zeigt. Wir werden sehen, dass diese Affinität mit einem Aspekt des Gegenstandes, nämlich der Sprache, zu tun hat. Wie auch immer: Allein von der zeitlichen Abfolge her lässt sich eine saubere Einteilung in einen noch-neurologischen und einen schon-psychoanalytischen Freud nicht aufrechterhalten.

Ein ähnliches Bild ergibt sich bei einem Blick in Villarets «Handwörterbuch der gesamten Medizin»[73], zu dem Freud mehrere Artikel beigetragen hat, u.a. über die «Anatomie des Gehirns»[74] sowie über die «Hysterie». Der Hirn-Artikel beschränkt sich tatsächlich auf eine gründliche, rein anatomische Beschreibung des Organs, ohne jegliche Anspielung auf

71 Dieses Werk erschien als Band IX der von Hermann Nothnagel herausgegebenen Reihe über «Specielle Pathologie und Therapie». Im Schlusskapitel über die «Therapie» ist freilich Freuds Skepsis gegenüber einer auf simplizistischen Lokalisierungshypothesen beruhenden Hirnchirurgie spürbar. Das Buch endet mit folgendem Absatz: «Auch die Idiótie ist zum Object der chirurgischen Therapie gemacht worden. Die Craniektomie von Lannelongue versprach geistige Hemmung bei mikrocephalen Kindern durch Beseitigung des angeblichen knöchernen Hindernisses für das Gehirnwachsthum zu beheben. Man kann sich aus den eingehenden Kritiken Bourneville's die Ueberzeugung holen, dass solche Erfolge durch die Craniektomie nicht erzielt worden sind und nicht zu erwarten sind. Dagegen bleibt Bourneville's Behauptung zu Recht bestehen, dass durch pädagogische Methodik oft eine weitgehende Besserung in den psychischen Functionen solcher Kinder erreicht werden kann.» (Freud 1897, 312).

72 Freud GW I.

73 Villaret 1888, 1891.

74 Freud in: Villaret 1888, 684-691.

psychologische Fragen, während der Artikel über die Hysterie dezidiert die Möglichkeit verneint, diese Erkrankung auf *anatomisch* zu umschreibende Veränderungen des Nervensystems zurückzuführen. Freud schreibt:

> «Die H. ist eine Neurose im strengsten Sinne des Wortes, d.h. es sind nicht nur keine wahrnehmbaren Veränderungen des Nervensystems bei dieser Krankheit gefunden worden, sondern es steht auch nicht zu erwarten, dass irgend eine Verfeinerung der anatomischen Techniken eine solche nachweisen würde. Die H. beruht ganz und gar auf physiologischen Modifikationen des Nervensystems, und ihr Wesen wäre durch eine Formel auszudrücken, welche den Erregbarkeitsverhältnissen der verschiedenen Teile des Nervensystems Rechnung trägt. Eine solche physiopathologische Formel ist aber noch nicht aufgefunden worden (...).» [75]

Manche Autoren sind der Ansicht, dass Freud diese Formel im unveröffentlicht gebliebenen «Entwurf einer Psychologie» von 1895 nachgeliefert habe. Karl Pribram etwa schreibt 1969, «dass der *Entwurf* ein präzises neurologisches Modell psychischer Prozesse (Schmerz, Lust, Gedächtnis, Motivation, Lernen und Denken) enthält – ein, nach heutigen Standards zu urteilen, anspruchsvolles Modell.» [76] Die vermeintlich rein wissenschaftshistorische Frage ist von exquisit wissenschaftspolitischer Bedeutung [77]: Viele Psychoanalytiker sind der Auffassung, dass der Weg (zurück)

75 Ebd., 886.

76 Métraux 1999, 75f.

77 Diese Formulierung soll keinesfalls insinuieren, Wissenschaftsgeschichte und -politik seien etwas der eigentlichen Wissenschaft Äusserliches.

in die Wissenschaft nur im Anschluss an die Neurowissenschaften beschritten werden kann.[78] Mindestens jedoch der Rückgriff auf den «Entwurf» als zu rekonstruierende Basis eines gemeinsamen psychoanalytisch-neurowissenschaftlichen Paradigmas erscheint mir als leicht anfechtbar. Wie der Wissenschaftshistoriker Alexandre Métraux überzeugend gezeigt hat, handelt es sich bei Freuds Manuskript aus der Mitte der 90er Jahre des 19. Jahrhunderts nicht um den Versuch einer neurologischen Fundierung der Psychologie, sondern um eine Art *«nachträglicher Neurologie»*, mit Hilfe derer «eine *bereits entwickelte psychologische Sichtweise* durch eine quantitative Hirn- und Nervenauffassung *nachträglich* ergänzt werden sollte»[79]. Dieser Eindruck wird durch eine Lektüre des «Entwurfs zu einer physiologischen Erklärung der psychischen Erscheinungen», welche Freuds Kollege Sigmund Exner[80] ein Jahr zuvor (1894) publiziert hatte, nur noch verstärkt; denn Exner versuchte in der Tat eine neurologische Begründung der Psychologie. Die Umkehrung dieses Interesses bei Freud ist offenkundig. Der «Entwurf» ist gewissermassen der letzte und einzige Ver-

78 Vgl. dazu Koukkou / Leuzinger-Bohleber / Mertens 1998. Im «Vorwort» von Lotte Köhler und Wolfgang Mertens heisst es explizit: «Unsere Hoffnung war, dass die Ergebnisse unserer Diskussionen zu einem Updating der psychoanalytischen Theorie beitragen würden, denn dass diese eines solchen bedarf, wird von vielen massgeblichen Vertretern der Psychoanalyse gefordert. Wir hofften auch, dass diese interdisziplinären Diskussionen dazu dienen könnten, die Psychoanalyse wieder besser in den Dialog mit der scientific community einzubinden, aus dem sie immer mehr auszuscheiden droht, nicht zuletzt vielleicht deswegen, weil sie in den letzten Jahren neue Erkenntnisse nur zögernd in ihre Lehre und Praxis aufgenommen hat.» (Bd. 1, 7) Der wissenschaftspolitische Aspekt des «Dialogs» tritt deutlich in der semantisch leicht verunglückten Formulierung zutage, der zufolge massgeblich Psychoanalytiker fordern, wessen die Theorie bedürfe.

79 Métraux 1999, 108 und 97; siehe auch Paul Ricoeur 1974, 95: «(...) die Pointe des Textes ist psychologisch, nicht neurologisch.»

80 Exner war Assistent von Freuds Lehrer Brücke. Da Exner Freud zehn Jahre an Dienstalter voraus war, hatte Brücke Freud keinerlei Hoffnungen auf eine bezahlte wissenschaftliche Karriere machen können. So verliess Freud 1882 dessen Laboratorium, ein Jahr nachdem er zum Dr. med. promoviert worden war.

such, Psychologie und Neurologie *in einer gemeinsamen Begriffssprache* zusammenzubringen.[81] Nach dem Scheitern dieses Versuches[82] gibt es für Freud kein gemeinsames psychologisch-neurologisches Paradigma mehr; eine eigentlich neurologische Fundierung der Psychoanalyse hatte es für ihn gar nie gegeben. Die «physio-pathologische Formel», die nach Freuds Hysterie-Artikel die Aufklärung über das Wesen der Hysterie hätte bringen sollen, wird sich als eine *psycho*-pathologische Formel erweisen.

Im Artikel «Lokalisation», ebenfalls im «Handwörterbuch der gesamten Medizin», schreibt Freud, dieser Terminus sei «ein vielumstrittener Begriff der Physiologie des Grosshirns.»

---

81 Vergleicht man die Skizze, die Freud im «Entwurf» zur Erläuterung seiner «Einführung des ‹Ich›» (GW Nachtragsband, 417) einfügt, mit derjenigen, welche die «Emma»-Episode graphisch erläutern soll (446), so enthält letztere keinerlei Abstraktionen auf neurologischem Niveau, sondern erinnert eher an die Visualisierung des Mechanismus des «Vergessens von Eigennamen» in der «Psychopathologie des Alltagslebens» (GW IV, 9).

82 Gescheitert ist dieser Versuch lediglich hinsichtlich einer Begründung der neuen Theorie in einer etablierten neurologischen Terminologie. Als Ausgangspunkt für immer neue Umformulierungen der psychologischen Theorie ist er überaus fruchtbar gewesen; die Überschreitung der Pseudo-Neurologie in Richtung einer Psychologie ist schon im Konzept des Entwurfs selbst enthalten. Siehe dazu auch Jean Laplanche 1985, 83ff.: «Da uns nun gegenwärtig ist, von welch lebendiger und neuer Erfahrung her das physikalistische Schema des Neuronenapparates zu verstehen ist, haben wir weniger Skrupel, uns mit den Details seines Funktionierens vertraut zu machen. Stellen wir nun die beiden Termini, Neuron und Quantität, nebeneinander. Wir haben vor uns Neuronensysteme, Verkettungen von aufeinanderfolgenden Neuronen-Gabelungen, die Freud auch ‹Gedächtnissysteme› nennt – entsprechend der Gleichwertigkeit von Neuron und Vorstellung, die seiner Hypothese zugrunde liegt. Diesem ‹Gedächtnissystem› ist aber nichts Qualitatives direkt eingeschrieben. Gewiss handelt es sich um eine Anlage, die es erlaubt, ‹Engramme› aufzuzeichnen, doch das freudsche Engramm ist ganz und gar nicht mit einem ‹Bild› oder einem ‹Analogon› zum wahrgenommenen Objekt vergleichbar. Die ganze Originalität einer gegebenen engrammatischen Einschreibung hängt einzig von der besonderen Eigenschaft der Wege ab, welche die zirkulierende Energie einschlägt. Und diese besondere Eigenschaft ergibt sich einzig aus der Differenz zwischen zwei möglichen Wegen oder aus der Abfolge von Differenzen, also daraus, dass bei einer ersten Gabelung der Weg a und nicht b gewählt wird, da der eine ‹gebahnt› ist, während der andere von einer ‹Schranke› versperrt wird; bei der nächsten Gabelung wird vielleicht der Weg nach rechts und nicht der nach links eingeschlagen, bei der dritten mag es umgekehrt sein, usw. Einzig die Gesamtstruktur also, die Abfolge dieser ‹Entscheidungen› in einer Serie von Gabelungen, bildet die besondere Konstellation für jede Erinnerung (...).»

«Es handelt sich um die Frage, ob verschiedenen Stellen der Grosshirnrinde verschiedene Funktionen zuerkannt werden können. Der Natur der Sache nach muss jedes Rindenelement zunächst als ein Durchgangsort für Nervenerregungen aufgefasst werden. Wegen der Mannigfaltigkeit der Orte, von denen aus der einzelnen Rindenzelle Erregungen zufliessen können, und derjenigen, wohin sie Erregungen weiter senden kann, wird der Spielraum der zentralen Prozesse, an denen sich die Zelle beteiligen kann, also auch der Spielraum ihrer Funktion, eine gewisse Breite haben. Die erkennbare Funktion einer Rindengegend wird also nicht eine so engbegrenzte sein können wie z.B. die Funktion des Sekretionsepithels einer Drüse. Nicht in demselben Sinne, wie man von einer Epithelzelle eines gewundenen Harnkanälchens sagen kann, sie sezerniert Harn, kann man von einer Rindenzelle des Grosshirns sagen, sie will eine Bewegung oder sie sieht, sondern nur: sie ist an einem zentralen Prozess beteiligt, dessen Endglied eine Muskelinnervation ist, oder an einem solchen, der durch einen Gesichtseindruck eingeleitet wurde.» [83]

Freuds skeptische Haltung gegenüber einer Lokalisationslehre, wie sie etwa sein Lehrer Theodor Meynert bis in die Verstiegenheit einer «Gehirnmythologie» vertrat[84], ist hier keineswegs einer neuartigen psychoanalytischen Empirie geschuldet – denn eine solche existiert noch gar nicht –, sondern bleibt im Rahmen einer rein neurologischen Argumentation: Nicht etwa angesichts der Komplexität des Psy-

83 Freud in: Villaret 1891, 231ff. Dieser Artikel wurde erst 1994 von Johann Georg Reicheneder Freud zugeschrieben.

84 Vgl. Ellenberger 1996, 590f.

chischen ist für Freud die Vorstellung einer Lokalisation unbrauchbar, sondern wegen der Unmöglichkeit einer exakten Abgrenzung von Hirnregionen und ihren Funktionen – z.B. hinsichtlich der Motorik oder der Sprache. In der im selben Jahr wie der zweite Band des villaretschen Handwörterbuchs erschienenen Aphasie-Studie heisst es: «Während wir uns herauszufinden bemühten, welche Verhältnisse in der klinischen Erscheinung der Sprachstörungen die behauptete psychische Bedeutung der Sprachzentren bestätigen, und zu diesem Zwecke die Leitungsaphasie Wernickes einer kritischen Beleuchtung unterzogen, sind wir auf Tatsachen gestossen, welche Zweifel an der Richtigkeit eines wesentlich auf Lokalisation beruhenden Schemas überhaupt in uns erregen mussten.»[85]

Es ist nun auch keineswegs so, dass Freuds Einspruch gegen die Plausibilität lokalisatorischer Theorien einen einsamen Kampf gegen den Ende des 19. Jahrhunderts herrschenden wissenschaftlichen *common sense* darstellen; Freuds Argumentation liegt durchaus auf der Höhe der Debatten seiner Zeit, in welcher anatomische Lokalisationstheorien im Stile Meynerts mehr und mehr in den Ruch des Unwissenschaftlichen gerieten.[86] Insofern stellt der heutige *neuroscientific turn* in der Psychiatrie, Biologie und Psychologie auch kein simples Aufkochen alter Konzepte, sondern eine tatsächliche Revision früherer Konzeptionen dar, einen Versuch, mit dem Ausweg aus alten Sackgassen den Zugang zu wirklich neuem Gelände zu finden – wenngleich auch das Interesse an Lokalisierungen wiederbelebt wurde, welches sich freilich nicht mehr in anatomischen Präparaten, sondern in abstrakteren EEGs und Hirnscans manifestiert. Man muss

85 Freud 1992, 57.

86 Vgl. Hagner 2000, 268ff.

den Neurowissenschaften also nicht einen naiven und im Grunde veralteten Lokalisationsbegriff unterschieben, um – wie ich – dennoch davon auszugehen, dass Psychoanalyse und Neurowissenschaften zwei inkompatible Weisen der Modellierung der Seele als einer psychischen «Lokalität» hervorgebracht haben, welche sich nicht im Rückgriff auf einen «Ur-Freud», in dem Neurowissenschaften und Psychoanalyse noch ungetrennt sind, zu einer neuartigen Theorie harmonisieren lassen. Den neurowissenschaftlichen Bemühungen um Lokalisierungen des Psychischen bzw. einzelner psychischer Leistungen läuft die spezifische Tendenz der Psychoanalyse, das Psychische zu delokalisieren, vielmehr direkt zuwider.

Was ist nun mit diesem von mir eingeführten Begriff der De-Lokalisation gemeint? Und wie fügen sich die Modelle, die Freud vom «psychischen Apparat» entwirft, in diese Tendenz der Delokalisation ein?

In der Aphasie-Studie sind es die sprachlichen Leistungen und ihre Ausfälle, deren genauere Analyse Zweifel an der Lokalisationstheorie wecken: Die sprachliche Funktion bzw. deren Störungen, so stellt Freud fest, lassen sich nicht auf einer hirnanatomischen Karte abbilden. Dies ist gleichsam das neurologische Argument dafür, dass das, was später «psychischer Apparat» heissen wird, nicht konventionell anatomisch-neurologisch konstruiert werden darf, wenn diese neu zu entwerfende Maschine[87] Er-

87 Am 20.10.1895 teilt Freud Fliess über die Fortführung seiner Gedanken aus dem «Entwurf» mit: «(...) plötzlich [haben sich] die Schranken gehoben, die Hüllen gesenkt, und man konnte durchschauen vom Neurosendetail bis zu den Bedingungen des Bewusstseins. Es schien alles ineinanderzugreifen, das Räderwerk passte zusammen, man bekam den Eindruck, das Ding sei jetzt wirklich eine Maschine und werde nächstens auch von selber gehen.» Schon im nächsten Brief (vom 31.10.) heisst es dann einschränkend: «Ich glaube zwar wirklich, dass es zusammengeht, aber die einzelnen Stücke sind mir noch nicht recht verlässlich. Ich tausche sie unausgesetzt gegen andere aus und getraue mich noch nicht, einem Weisen den Bau zu zeigen.» (Freud 1986)

kenntnisse über den Menschen produzieren soll.[88]

Für seine Beschreibung der «psychischen Lokalität» wird Freud in der «Traumdeutung» nicht länger auf neurologische Darstellungsmodelle zurückgreifen. Der «psychische Apparat», den er im letzten Kapitel der «Traumdeutung» als Traumerzeuger vorführt, wird von ihm mit Hilfe von «Darstellungsmitteln»[89] konstruiert, die denjenigen des Traums analog sind: Bildliches wird versprachlicht und Sprachliches verbildlicht, Abstraktes sinnlich anschaulich gemacht, ohne dass es eine eindeutige Korrelation zwischen den Polen dieser Übersetzungsarbeit gibt.[90] Dass diese mimetische Annäherung der Theorie an ihren Gegenstand Freud ähnlich «eigentümlich» berührt haben mag wie seine frühere Selbstbeobachtung, «dass die Krankengeschichten, die ich schreibe, wie Novellen zu lesen sind»[91], ist anzunehmen. Und doch geht es nicht anders. Freud schreibt in der «Traumdeutung» über die Fechner entlehnte «Idee (...) einer *psychischen Lokalität*»:

88 Was Freud mit der Psychoanalyse unternimmt, ähnelt in gewisser Hinsicht der Vernunftkritik, die Hamann und Herder gegen die Vorstellung einer überhistorischen, aussersprachlichen Vernunft formulieren. Auch in Herders anthropologisch-sprachphilosophisch-historischer Wendung, die er der Philosophie gibt, erfährt die «historische» gegenüber der «materiellen» Wahrheit – um es in freudschen Begriffen auszudrücken – eine immense Aufwertung; oder noch genauer ausgedrückt: auch Herder plädiert für eine Wissenschaft vom Menschen, die anerkennt, dass jede materielle Wahrheit sich nur «historisch» zeigen kann.

89 Freud GW II/III, 315.

90 Siehe dazu Freud, GW II/III, 672f.: «[Manche der gedeuteten Traumgedanken sind] in symbolischer Weise durch Gleichnisse und Metaphern, wie in bilderreicher Dichtersprache, dargestellt. (...) Der Trauminhalt besteht zumeist aus anschaulichen Situationen; die Traumgedanken müssen also vorerst eine Zurichtung erfahren, welche sie für diese Darstellungsweise brauchbar macht. Man stelle sich etwa vor die Aufgabe, die Sätze eines politischen Leitartikels oder eines Plaidoyers im Gerichtsaal durch eine Folge von Bilderzeichnungen zu ersetzen, und man wird dann leicht die Veränderungen verstehen, zu welcher die Rücksicht auf Darstellbarkeit im Trauminhalt die Traumarbeit nötigt.»

«Wir wollen ganz beiseite lassen, dass der seelische Apparat, um den es sich hier handelt, uns auch als anatomisches Präparat bekannt ist, und wollen der Versuchung sorgfältig aus dem Wege gehen, die psychische Lokalität etwa anatomisch zu bestimmen. Wir bleiben auf psychologischem Boden und gedenken nur der Aufforderung zu folgen, dass wir uns das Instrument, welches den Seelenleistungen dient, vorstellen wie etwa ein zusammengesetztes Mikroskop, einen photographischen Apparat u. dgl. Die psychische Lokalität entspricht dann einem Orte innerhalb eines Apparats, an dem eine der Vorstufen des Bildes zustande kommt. Beim Mikroskop und Fernrohr sind dies bekanntlich zum Teil ideelle Örtlichkeiten, Gegenden, in denen kein greifbarer Bestandteil des Apparats gelegen ist. Für die Unvollkommenheiten dieser und aller ähnlichen Bilder Entschuldigung zu erbitten, halte ich für überflüssig. Diese Gleichnisse sollen uns nur bei einem Versuch unterstützen, der es unternimmt, uns

91 Freud GW I, 227. Diese berühmte Passage lautet vollständig: «Ich bin nicht immer Psychotherapeut gewesen, sondern bin bei Lokaldiagnosen und Elektroprognostik erzogen worden wie andere Neuropathologen, und es berührt mich selbst noch eigentümlich, dass die Krankengeschichten, die ich schreibe, wie Novellen zu lesen sind, und dass sie sozusagen des ernsten Gepräges der Wissenschaftlichkeit entbehren. Ich muss mich damit trösten, dass für dieses Ergebnis die Natur des Gegenstandes offenbar eher verantwortlich zu machen ist als meine Vorliebe; Lokaldiagnostik und elektrische Reaktionen kommen bei dem Studium der Hysterie eben nicht zur Geltung, während eine eingehende Darstellung der seelischen Vorgänge, wie man sie vom Dichter zu erhalten gewohnt ist, mir gestattet, bei Anwendung einiger weniger psychologischer Formeln doch eine Art von Einsicht in den Hergang einer Hysterie zu gewinnen. Solche Krankengeschichten wollen beurteilt werden wie psychiatri--sche, haben aber vor letzteren eines voraus, nämlich die innige Beziehung zwischen Leidensgeschichte und Krankheitssymptomen, nach welcher wir in den Biographien anderer Psychosen noch vergebens suchen.»

die Komplikation der psychischen Leistung verständlich zu machen, indem wir diese Leistung zerlegen und die Einzelleistung den einzelnen Bestandteilen des Apparats zuweisen. Der Versuch, die Zusammensetzung des seelischen Instruments aus solcher Zerlegung zu erraten, ist meines Wissens noch nicht gewagt worden. Er scheint mir harmlos. Ich meine, wir dürfen unseren Vermutungen freien Lauf lassen, wenn wir dabei nur unser kühles Urteil bewahren, das Gerüste nicht für den Bau halten. Da wir nichts anderes benötigen als Hilfsvorstellungen zur ersten Annäherung an etwas Unbekanntes, so werden wir die rohesten und greifbarsten Annahmen zunächst allen anderen vorziehen.»[92]

Ziemlich gegen Ende der «Traumdeutung» reflektiert Freud noch einmal ausführlich seine Konstruktion des psychischen Apparats. Ich möchte auch diese Passage – mit einigen Auslassungen – ausführlich zitieren:

«Indem wir der Analyse des Traumes folgen, bekommen wir ein Stück weit Einsicht in die Zusammensetzung dieses allerwunderbarsten und allergeheimnisvollsten Instruments, freilich nur ein kleines Stück weit, aber es ist damit der Anfang gemacht, um von anderen – pathologisch zu heissenden – Bildungen her weiter in die Zerlegung desselben vorzudringen. Denn die Krankheit – wenigstens die mit Recht funktionell genannte – hat nicht die Zertrümmerung dieses Apparats, die Herstellung neuer Spaltungen in seinem Innern zur Voraussetzung; sie ist dynamisch aufzuklären durch Stärkung und Schwächung der Komponenten des Kräftespiels, von

92 GW II/III, 541.

dem so viele Wirkungen während der normalen Funktion verdeckt sind. An anderer Stelle könnte noch gezeigt werden, wie die Zusammensetzung des Apparats aus den beiden Instanzen eine Verfeinerung auch der normalen Leistung gestattet, die einer einzigen unmöglich wäre. (...)

Wenn wir genauer zusehen, ist es nicht der Bestand von zwei Systemen nahe dem motorischen Ende des Apparats, sondern von zweierlei Vorgängen oder Ablaufsarten der Erregung, deren Annahme uns durch die psychologischen Erörterungen der vorstehenden Abschnitte nahegelegt wurde. Es gälte uns gleich; denn unsere Hilfsvorstellungen fallen zu lassen, müssen wir immer bereit sein, wenn wir uns in der Lage glauben, sie durch etwas anderes zu ersetzen, was der unbekannten Wirklichkeit besser angenähert ist. Versuchen wir es jetzt, einige Anschauungen richtigzustellen, die sich missverständlich bilden konnten, so lange wir die beiden Systeme im nächsten und rohesten Sinne als zwei Lokalitäten innerhalb des seelischen Apparats im Auge hatten, Anschauungen, die ihren Niederschlag in den Ausdrücken ‹verdrängen› und ‹durchdringen› zurückgelassen haben. Wenn wir also sagen, ein unbewusster Gedanke strebe nach Übersetzung ins Vorbewusste, um dann zum Bewusstsein durchzudringen, so meinen wir nicht, dass ein zweiter, an neuer Stelle gelegener Gedanke gebildet werden soll, eine Umschrift gleichsam, neben welcher das Original fortbesteht; und auch vom Durchdringen zum Bewusstsein wollen wir jede Idee einer Ortsveränderung sorgfältig ablösen. Wenn wir sagen, ein vorbewusster Gedanke wird verdrängt und dann vom Unbewussten aufgenommen, so könnten uns diese dem Vorstellungskreis des Kampfes um ein Terrain entlehnten Bilder zur Annahme verlocken, dass wirklich in der einen psychischen

Lokalität eine Anordnung aufgelöst und durch eine neue in der anderen Lokalität ersetzt wird. Für diese Gleichnisse setzen wir ein, was dem realen Sachverhalt besser zu entsprechen scheint, dass eine Energiebesetzung auf eine bestimmte Anordnung verlegt oder von ihr zurückgezogen wird, so dass das psychische Gebilde, unter die Herrschaft einer Instanz gerät oder ihr entzogen ist. Wir ersetzen hier wiederum eine topische Vorstellungsweise durch eine dynamische; nicht das psychische Gebilde erscheint uns als das Bewegliche, sondern dessen Innervation. (...)

Dennoch halte ich es für zweckmässig und berechtigt, die anschauliche Vorstellung der beiden Systeme weiter zu pflegen. Wir weichen jedem Missbrauch dieser Darstellungsweise aus, wenn wir uns erinnern, dass Vorstellungen, Gedanken, psychische Gebilde im allgemeinen überhaupt nicht in organischen Elementen des Nervensystems lokalisiert werden dürfen, sondern sozusagen *zwischen ihnen*, wo Widerstände und Bahnungen das ihnen entsprechende Korrelat bilden. Alles, was Gegenstand unserer inneren Wahrnehmung werden kann, ist *virtuell*, wie das durch den Gang der Lichtstrahlen gegebene Bild im Fernrohr. Die Systeme aber, die selbst nichts Psychisches sind und nie unserer psychischen Wahrnehmung zugänglich werden, sind wir berechtigt anzunehmen gleich den Linsen des Fernrohrs, die das Bild entwerfen. In der Fortsetzung dieses Gleichnisses entspräche die Zensur zwischen zwei Systemen der Strahlenbrechung beim Übergang in ein neues Medium.»[93]

93 Freud GW II/III, 614ff.

Schon in dieser zweiten Passage – nur wenige Seiten nach der ersten eben zitierten Stelle – baut Freud das «Gerüst» wieder ab, von dem in der ersten die Rede ist, um alsgleich den darunter zum Vorschein kommenden «Bau» für mindestens ebenso vorläufig zu erklären wie das Gerüst. Die psychische Lokalität, die mit dem psychischen Apparat unterstellt wird, ist wesentlich eine virtuelle, welche durch rein topologische Aspekte keineswegs ausreichend gekennzeichnet ist, sondern mindestens durch eine funktional-dynamische Beschreibung ergänzt werden muss. Wenn Freud schreibt, «dass Vorstellungen, Gedanken, psychische Gebilde im Allgemeinen überhaupt nicht in organischen Elementen des Nervensystems lokalisiert werden dürfen, sondern sozusagen *zwischen ihnen*», so erinnert dies an einen Vergleich, mit dem er zuvor die Eigentümlichkeit der Traumsprache charakterisiert hatte: «Es ist wie in unserem Schriftsystem: *ab* bedeutet, dass die beiden Buchstaben in einer Silbe ausgesprochen werden sollen. *a* und *b* nach einer freien Lücke, lässt a als den letzten Buchstaben des einen Worts und *b* als den ersten eines anderen Worts erkennen.»[94] Eine Schrift gibt einen Sinn nicht durch direkte Korrelation eines Buchstabens zu einem Inhalt, sondern durch ein struktural-funktionales Netz von Kombinationen und Lücken wieder. Wobei die «Lücke» nicht minder «sinntragend» ist, als es die Buchstaben selber sind, obwohl diese wie jene *an sich* nichts bedeuten.

94 Ebd., 319.

All diese Bemerkungen bedeuten noch keineswegs eine Festlegung auf eine lacansche Spielart der Psychoanalyse oder eine Auflösung der freudschen Konzepte in Sprachtheorie.[95] Wir werden noch sehen, wie gerade das der «Versprachlichung» der psychoanalytischen Gegenstände inhärente Scheitern der Sprache ein wesentliches Element und *movens* der psychoanalytischen Theorie darstellt.

Es erstaunt natürlich nicht, dass für Lacans *lingustic turn* die «Traumdeutung» von 1900, die «Psychopathologie des Alltagslebens» von 1901 und «Der Witz und seine Beziehung zum Unbewussten» von 1905 die kanonischen Texte darstellen. Wie nirgends sonst rückt Freud hier die Sprache in den Vordergrund – als jenes Feld, in dem sich das Unbewusste gleichermassen zeigt und verbirgt. Die gleichzeitig mit der «Witz»-Arbeit entstandenen und veröffentlichten «Drei Abhandlungen zur Sexualtheorie» indessen entziehen sich einer einfachen «linguistischen» Vereinnahmung. Und doch sind auch die «Drei Abhandlungen» ein Buch über das Thema der Delokalisation, nämlich darüber, dass der sexuelle Körper kein Zentrum besitzt: Das Genital*primat* ist nicht primär, sondern muss erst durch Verdichtungen und Verschiebungen hergestellt werden. In diesem Gedanken zeigt sich eine direkte Verbindung zur «Traum-

95 Vgl. Bowie 1994, 54 und 56: «Wenn Lacan immer erneut verkündet: ‹das Unbewusste ist strukturiert wie eine Sprache›, (...) dann zieht er, was jedenfalls diese Ambitionen Freuds angeht, einen ungedeckten Wechsel auf die Psychoanalyse. Weit davon entfernt, eine harmlose analogische Hilfestellung bei der Wahrnehmung und Artikulation der Struktur des Seelenlebens zu sein, verleiht sein Slogan (wie das Projekt, das er auf einen Nenner bringt) der Sprache eine herausragende Stellung. (...) Überzeugend werden bei jeder Gelegenheit Freuds Werke erneut in die Einkleidung jener sprachlichen Bildlichkeit gezwungen, die sie oft selbst verwendet haben. Lacan fasst sie geschickt zusammen. Doch seine Skizze lässt allen Sinn dafür vermissen, dass Freuds Darstellung der Sprache auf eigensinnige Weise diskontinuierlich war, dass Freud viele seiner eigenen Bilder für unbefriedigend und vorläufig hielt und dass ihn auch andere nicht sprachliche Modellentwürfe faszinierten und daran hinderten, die Psychoanalyse einfach als reine Sprachwissenschaft aufzufassen. Nur kraft reiner Sprachmagie kann Lacan die Terminologie Freuds in linguistische Begriffe übersetzen.»

deutung». Dennoch lassen sich die «Drei Abhandlungen» nicht einfach dem Denken der «Traumdeutung» oder der «Psychopathologie des Alltagslebens» subsumieren. Der Trieb bleibt etwas wesentlich Sprachloses (die «Stummheit» des Todestriebs ist Merkmal des Triebes überhaupt), das aber unsere Sprache durchtränkt und zugleich immer wieder von ihr verfehlt werden muss, wenn sie es begrifflich dingfest machen will: Diese Interpretation der «Drei Abhandlungen» drängt sich auf, wenn man diese vor dem Hintergrund der drei Bücher Freuds über Witz, Traum und Fehlleistung liest.[96] «Es ist ein unerschütterliches Resultat der Forschung», schreibt Freud 1915 in «Das Unbewusste», «dass die seelische Tätigkeit an die Funktion des Gehirns gebunden ist wie an kein anderes Organ.»

> «(...) Aber alle Versuche, (...) eine Lokalisation der seelischen Vorgänge zu erraten, alle Bemühungen, die Vorstellungen in Nervenzellen aufgespeichert zu denken und die Erregungen auf Nervenfasern wandern zu lassen, sind gründlich gescheitert. Dasselbe Schicksal würde einer Lehre bevorstehen, die etwa den anatomischen Ort des Systems Bw (...) in der Hirnrinde erkennen und die unbewussten Vorgänge in die subkortikalen Hirnpartien versetzen wollte. Es klafft hier eine Lücke, deren Ausfüllung derzeit nicht möglich ist, auch nicht zu den Aufgaben der Psychologie gehört. Unsere psychische Topik hat vorläufig nichts mit der Anatomie zu tun. (...) Unsere Arbeit ist also in dieser Hinsicht frei (...).»[97]

96 Vgl. dazu auch meinen Artikel «Was ist psychoanalytisch am Trieb?» in: Schneider 2001, 54ff.

97 Freud GW X, 273f.

Das klingt zunächst sehr bescheiden: Die Psychoanalyse hat die Bindung der von ihr untersuchten Vorgänge an die Lokalität des Nervensystems anzuerkennen, eine Bindung, zu deren weiterer Klärung sie jedoch nichts beitragen kann; die «Lücke» des Wissens, die hier «klafft», kann «derzeit» und «vorläufig»[98] nicht gefüllt werden. Doch weit davon entfernt, ein Desiderat künftiger psychoanalytischer Forschung zu entwerfen, sieht Freud in dieser Lücke die Voraussetzung der «Freiheit» der analytischen Arbeit. Diese klaffende Lücke ist damit kein Mangel, sondern conditio sine qua non der psychoanalytischen Erkenntnis. Sie markiert nichts weniger als den die menschliche Erkenntnis strukturierenden Riss zwischen Bewusstsein und Un-bewusstem. Während die Ideologie der Wissenschaft in der Regel der (phallischen) Illusion eines Wachsens der Erkenntnis folgt[99], insistiert die Psychoanalyse auf der heiklen Wahrheit der «Kastration», welche nicht konkretistisch als Phallusmangel verstanden werden darf, sondern letztlich als Reflex einer unhintergehbaren Differenz (nicht nur der Geschlechter und Generationen, sondern auch zwischen Bewusstsein und Unbewusstem) begriffen werden muss.[100]

98 Man kann dieses «vorläufig» als das Sträuben Freuds interpretieren, seine Metapsychologie der Metaphysik zu überantworten; als Abwehr der Gefahr «philosophisch» vereinnahmt zu werden, wenn man sich der biologischen Vormundschaft entzieht.

99 Zur «Ehrenrettung unseres kleinen Hans» vergleicht Freud dessen Theoretisieren über das Nachwachsen des Penis bei seiner kleinen Schwester mit den Konzepten der akademischen Psychologie: «Er benimmt sich eigentlich nicht schlechter als ein Philosoph der wundtschen Schule. Für einen solchen ist das Bewusstsein der nie fehlende Charakter des Seelischen, wie für Hans der Wiwimacher das unentbehrliche Kennzeichen alles Lebenden. Stösst der Philosoph nun auf seelische Vorgänge, die man erschliessen muss, an denen aber wirklich nichts von Bewusstsein wahrzunehmen ist – man weiss nämlich nichts von ihnen und kann doch nicht umhin, sie zu erschliessen –, so sagt er nicht etwa, dies seien unbewusste seelische Vorgänge, sondern er heisst sie dunkelbewusste. Der Wiwimacher ist noch sehr klein!» (Freud GW VII, 249)

In «Die Frage der Laienanalyse» heisst es: «In der Psychologie können wir nur mit Hilfe von Vergleichungen beschreiben. Das ist nichts Besonderes, es ist auch anderwärts so.» Und dann folgt ein Satz, den man in seiner Radikalität leicht verkennen kann. Er lautet: «Aber wir müssen diese Vergleiche auch immer wieder wechseln, keiner hält uns lange genug aus.»[101]

Nicht um doch einmal eine zutreffende Beschreibung der psychischen Lokalität liefern zu können, müssen wir in der Psychoanalyse die Beschreibungen immer wieder wechseln, oder weil die nächste Beschreibung auch nur besser wäre als die vorige, sondern weil allein das *Scheitern* der Beschreibungen der Eigenheit der psychischen Lokalität am ehesten gerecht wird, nämlich ein Ort zu sein, der nirgends ist – und damit überall.

---

100 In den Fehlleistungen etwa tritt die Wahrheit als alltägliche Pathologie zutage, als Bruch, als Auseinanderklaffen von (bewusster) Intention und (vom Unbewussten diktierter) Ausführung, kurz: als Differenz. Wo die Wahrheit jedoch in einer ursprungslogisch gedachten Genese dingfest gemacht werden soll, die strukturelle Differenz, in der allein die Wahrheit sich zeigt, also historisch zurückgeführt werden soll auf ihren materiellen Kern, da verliert sie sich im Strudel des Mythos. In seiner Abgrenzung der historischen von der materiellen Wahrheit ist Freud widersprüchlich: Die psychisch wirksame, d.h. bedeutsame Wahrheit ist die historische – mit anderen Worten: die der Verdrängung, also der Differenz von Bewusstem und Unbewusstem anheim gefallene Wahrheit; aber dann wird sie in Freuds Sicht letztlich doch nur Wahrheit aufgrund ihres identitätslogisch konzipierten materiellen Kerns.

101 Freud GW XIV, 222

Literatur

Aeschlimann, Jürg: Rudolf Brun (1885-1969). Leben und Werk des Zürcher Neurologen, Psychoanalytikers und Entomologen. Dissertation Zürich, 1980

Bönisch, Georg & Klaus Wiegrefe: Ich zielte ruhig auf die Säuglinge. Spiegel online (o. J.). Zugriff am 05.02.2011 unter http://einestages.spiegel.de/static/topicalbumbackground/1564/_ich_zielte_ruhig_auf_die_saeuglinge.html

Bowie, Malcolm: Lacan. Göttingen: Steidl, 1994

Breuer, Josef & Sigmund Freud: Studien über Hysterie. Leipzig/Wien: Deuticke, 1895 (Reprint: Frankfurt a. M.: S. Fischer, 1995)

Brun, Rudolf: «Sigmund Freuds Leistungen auf dem Gebiete der organischen Neurologie». Schweizer Archiv für Neurologie und Psychiatrie 37, 1936, 200-207

Buchholz, Michael B. & Günter Gödde (Hrsg.): Das Unbewusste (3 Bd.). Marburg: Psychosozial-Verlag, 2005-6

Chasseguet-Smirgel, Janine (Hrsg.): Wege des Anti-Ödipus. Frankfurt a. M./Berlin/Wien: Ullstein, 1978

Czernotto, Annegret: «Prävention schon im Kindergarten». NZZ am Sonntag, 13.12.2009, 69.

Daston, Lorraine & Peter Galison: Objektivität. Frankfurt a. M.: Suhrkamp, 2007

Deutsches Ärzteblatt: Hirnforschung: Zentrum für zwanghaftes Verhalten entdeckt (18.07.2008). Zugriff am 05.02.2011 unter www.aerzteblatt.de/v4/news/news.asp?id=33100

Didi-Huberman, Georges: Erfindung der Hysterie. Die photographische Klinik von Jean-Martin Charcot. München: Fink, 1997

Dorer, Maria: Historische Grundlagen der Psychoanalyse. Leipzig: Hirschfeld Verlag, 1932

Ehrenberg, Alain: Das erschöpfte Selbst. Depression und Gesellschaft in der Gegenwart. Frankfurt a. M.: Suhrkamp, 2008

Ellenberger, Henri F.: Die Entdeckung des Unbewussten. Geschichte und Entwicklung der dynamischen Psychiatrie von den Anfängen bis zu Janet, Freud, Adler und Jung. Zürich: Diogenes 1996 (vom Autor durchgesehene 2., verbesserte Taschenbuchauflage)

Fleck, Ludwik: Entstehung und Entwicklung einer wissenschaftlichen Tatsache. Einführung in die Lehre vom Denkstil und vom Denkkollektiv. Frankfurt a. M.: Suhrkamp, 1980

Freud, Sigmund: Gesammelte Werke (GW), Bd. 1-18 und ein unnumerierter Nachtragsband. Frankfurt a. M.: Fischer, seit 1960
- Studien über Hysterie. GW I (1969 [1895d]), 75-312
- Die Traumdeutung. GW II/III (1968 [1900a]), 1-642
- Über den Traum. GW II/III (1968 [1901a]), 643-700
- Zur Psychopathologie des Alltagslebens. GW IV (1969 [1901b])
- Analyse der Phobie eines fünfjährigen Knaben. GW VII (1966 [1909b]), 243-377
- Das Ich und das Es. GW XIII (1967 [1923b]), 235-289
- Der Untergang des Ödipuskomplexes. GW XIII (1967 [1924d]), 395-402
- Das Unbewusste. GW X (1969 [1915e]), 263-303
- Triebe und Triebschicksale. GW X (1969 [1915e]), 209-232
- Die Frage der Laienanalyse. GW XIV (1955 [1926e]), 207-296
- Schriften aus dem Nachlass 1892-1938. GW XVII (1966 [1941f] [1938])
- Entwurf einer Psychologie. GW Nachtragsband (1987), 375-486
- Briefe an Wilhelm Fliess (Hrsg. v. J. M. Masson). Frankfurt a. M.: Fischer, 1986

– Zur Auffassung der Aphasien. Eine kritische Studie (Hrsg. v. Paul Vogel). Frankfurt a. M.: Fischer, 1992 [1891]

– «Die infantile Cerebrallähmung». In: Nothnagel, Hermann: Specielle Pathologie und Therapie, Bd. IX. Wien: Hölder, 1897

Freud, Sigmund & Ernest Jones: The Complete Correspondence of Sigmund Freud and Ernest Jones 1908-1939 (Hrsg. von Andrew Paskauskas). Cambridge/MA/London: Belknap Press, 1993

Gödde, Günter: Traditionslinien des «Unbewussten». Schopenhauer – Nietzsche – Freud. Tübingen: edition discord, 1999

Hacking, Ian: Multiple Persönlichkeiten. Zur Geschichte der Seele in der Moderne. München: Hanser, 1996

– Was heisst ‹soziale Konstruktion›? Zur Konjunktur einer Kampfvokabel in den Wissenschaften. Frankfurt a. M.: Fischer, 1999

– «Inaugural lecture: Chair of Philosophy and History of Scientific Concepts at the Collège de France», 16 January 2001. Economy and Society, Vol. 31, Nr.1, 2002, 1-14

– «Kinds of People: Moving Targets». Proceedings of the British Academy 151, 2007, 285-318 (elektr. Version: Zugriff am 05.03.2011 unter http://www.proc.britac.ac.uk/tfiles/151p285.pdf).

Hagner, Michael (Hrsg.): Ecce Cortex. Beiträge zur Geschichte des modernen Gehirns. Göttingen: Wallstein, 1999

– Homo cerebralis. Der Wandel vom Seelenorgan zum Gehirn. Frankfurt a. M.: Suhrkamp, 2008

– Der Geist bei der Arbeit. Historische Untersuchungen zur Hirnforschung. Göttingen: Wallstein, 2006

Hospers, John: «What Means This Freedom?» In: Hook, Sidney (Hrsg.): Determinism and Freedom in the Age of Modern Science. New York: University Press, 1958, 126-142

Kandel, Eric R.: Psychiatrie, Psychoanalyse und die neue Biologie des Geistes. Frankfurt a. M.: Suhrkamp, 2008

Koukkou, Martha, Marianne Leutzinger-Bohleber & Wolfgang Mertens (Hrsg.): Erinnerung von Wirklichkeiten. Psychoanalyse und Neurowissenschaft im Dialog. Bestandesaufnahme (Bd 1). Folgerungen für die psychoanalytische Praxis (Bd. 2). Stuttgart: Verlag Internationale Psychoanalyse, 1998

Laplanche, Jean: Leben und Tod in der Psychoanalyse. Frankfurt a. M.: Nexus, 1985

Latour, Bruno: Die Hoffnung der Pandora. Untersuchungen zur Wirklichkeit der Wissenschaft. Frankfurt a. M.: Suhrkamp, 2000

Levine, Israel: Das Unbewusste. Leipzig/Wien/Zürich: Internationaler Psychoanalytischer Verlag, 1926

Malabou, Catherine: Was tun mit unserem Gehirn? Zürich/Berlin: diaphanes, 2006

Marinelli, Lydia & Andreas Mayer (Hrsg.): Die Lesbarkeit der Träume. Zur Geschichte von Freuds «Traumdeutung». Frankfurt a. M.: Fischer, 2000

– Träume nach Freud. Die «Traumdeutung» und die Geschichte der psychoanalytischen Bewegung. Wien: Turia + Kant, 2002

Mayer, Andreas: Mikroskopie der Psyche. Die Anfänge der Psychoanalyse im Hypnoselabor. Göttingen: Wallstein, 2002

Mediadesk der Universität Zürich: Gehirnaktivierung entlarvt Wortbrecher (10.12.2009). Zugriff am 05.02.2011 unter http://www.mediadesk.uzh.ch/articles/2009/gehirnaktivierung-entlarvt-wortbrecher-.html

Métraux, Alexandre: «Metamorphosen der Hirnwissenschaft. Warum Sigmund Freuds ‹Entwurf einer Psychologie› aufgegeben wurde». In: Hagner, Michael (Hrsg.): Ecce Cortex. Beiträge zur Geschichte des modernen Gehirns. Göttingen: Wallstein, 1999, 75-109

Nietzsche, Friedrich: Die fröhliche Wissenschaft. Werke (Bd. II) (Hrsg. von Karl Schlechta). Frankfurt a.M./Berlin/Wien: Ullstein Verlag, 1979

Nothnagel, Hermann (Hrsg.): Specielle Pathologie und Therapie (Bd. IX). Wien: Hölder, 1897

Reicheneder, Johann Georg: «‹Lokalisation›: Ein bisher unbekannt gebliebener Beitrag Freuds zu Villarets Handwörterbuch der gesamten Medizin». Jahrbuch der Psychoanalyse, Bd. 32, 1994, 155-179

Rheinberger, Hans-Jörg: Experiment, Differenz, Schrift: Zur Geschichte epistemischer Dinge. Marburg a. d. L.: Basilisken-Presse, 1992
– Experimentalsysteme und epistemische Dinge. Eine Geschichte der Proteinsynthese im Reagenzglas. Frankfurt a. M.: Suhrkamp, 2006

Ricoeur, Paul: Die Interpretation. Ein Versuch über Freud. Frankfurt a. M.: Suhrkamp, 1974

Ryle, Gilbert: Der Begriff des Geistes. Stuttgart: Reclam, 1969

Schneider, Peter: Erfliegen und Erhinken. Psychoanalytische Zweifel an der Vernunft. Göttingen: Vandenhoeck & Ruprecht, 2001

– «Der Furor des Lokalisierens. Wissenschaftlicher Fortschritt als Symptom fortschreitenden Vergessens». Mittelweg 36. Zeitschrift des Hamburger Instituts für Sozialforschung, Heft 1, 2002, 77-91
– «Freud und das Konzept der psychischen Lokalität». texte. psychoanalyse. ästhetik. kulturkritik. Heft 1, 2004, 50-63
– «Psychoanalyse und Neurowissenschaft: Inkompatibilität!». In: Böker, Heinz (Hrsg.): Psychoanalyse und Psychiatrie. Geschichte, Krankheitsmodelle und Therapiepraxis. Heidelberg/New York: Springer, 2005, 293-299
– «(In) den Narzissmus einführen. Ein Kommentar zu Freuds ‹Zur Einführung des Narzissmus›». Psyche, 59. Jg., 2005, 316-335
– «Freuds konkrete Atopie. Über die Ortlosigkeit des psychoanalytischen Gegenstandes». In: Sitter-Liver, Beat (Hrsg.): Utopie heute II. Fribourg/Stuttgart: Kohlhammer, 2007, 205-221
– «Gedanken zur Zukunft der Psychoanalyse oder Von was geben die bildgebenden Verfahren ein Bild». texte. psychoanalyse. ästhetik. kulturkritik. Heft 4, 2008, 84-96

Sperber, Hans: «Über den Einfluss sexueller Momente auf Entstehung und Entwicklung der Sprache». Imago, 1. Jg, 1912, 405-453

Villaret, A.: Handwörterbuch der gesamten Medizin (2 Bd.). Stuttgart: Enke, 1888/1891

Völmicke, Elke: Das Unbewusste im deutschen Idealismus. Würzburg: Königshausen und Neumann, 2005

Wegener, Mai: Neuronen und Neurosen. Der psychische Apparat bei Freud und Lacan. Ein historisch-theoretischer Versuch zu Freuds Entwurf von 1895. München: Fink, 2004

WELT ONLINE: Bilder vom Hirn zeigen Wirkung der Psychoanalyse (16.09.2009). Zugriff am 05.02.2011 unter http://www.welt.de/gesundheit/psychologie/article4548692/Bilder-vom-Hirn-zeigen-Wirkung-der-Psychoanalyse.html

Winter, Sarah: Freud and the Institution of Psychoanalytic Knowledge. Stanford: University Press, 1999

Über den Verfasser

Geboren 1957 in Dorsten. Studierte Philosophie, Germanistik und auch ein wenig Psychologie in Bochum, Münster und Zürich. 1983 M.A. in Philosophie, Ausbildung zum Psychoanalytiker am Psychoanalytischen Seminar Zürich, 1987 Dr. phil. in Psychologie, 2004 Habilitation. Lehraufträge an verschiedenen Universitäten; u.a. Dozent für psychoanalytische Psychotherapie an der Universität Zürich. Lehrt seit 2004 als Privatdozent für Psychoanalyse an der Universität Bremen. Psychoanalytiker in eigener Praxis seit 1988; Satiriker und Kolumnist (täglich auf DRS3, wöchentlich in der Sonntagszeitung und im Tages-Anzeiger). Ausgezeichnet mit dem SBAP-Preis 2008. Zahlreiche Buchpublikationen. Zusammen mit Bruno Deckert Herausgeber der Sphèressays.

Bände in der Reihe «sphèressays»

Die Bildungsblase und der Verfall der universitären Autorität
Peter Schneider
2010, 47 Seiten
ISBN 978-3-905933-00-0

ADHS – Eine Krankheit wird erwachsen
Netzwerk Entresol (Hrsg.)
2012, 124 Seiten
ISBN 978-3-905933-03-1

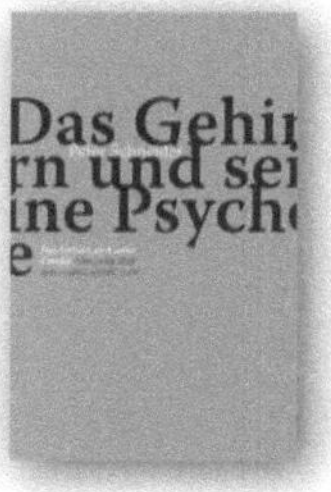

Das Gehirn und seine Psyche.
Versuche über den *neuroscientific turn*
Peter Schneider
2012, 76 Seiten
ISBN 978-3-905933-01-7

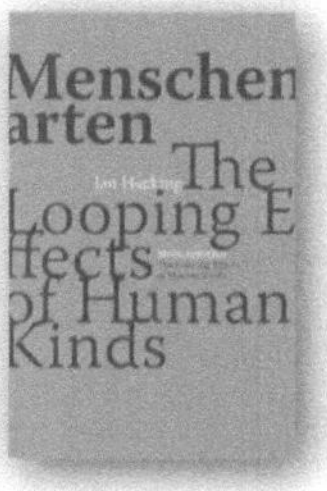

Menschenarten.
The looping Effects of Human Kinds
Ian Hacking
2012, 87 Seiten
ISBN 978-3-905933-02-4